مارگیتا پائول

داستانهای مصوّر کتاب مقدّس کودکان

برای روخوانی و نقاشی کردن

مارگیتا پائول

داستانهای مصوّر کتاب مقدّس کودکان

شرکت چاپ و نشر مسیحی دیلنبورگ با مسئولیّت محدود (آلمانی و فارسی)
www.cv-dillenburg.de

ISBN: 978-3-86353-178-2
چاپ سوم سال ۱۳۹۷

چاپ و نشر :اِبِر هارد پلات ، وپرتال و شرکت دیلنبورگ
گرافیک : اِبِرهارد پلات ، برگرفته شده ازکورنلیا گرهارت
مترجم : کارمن پارسامیان Karmen Parsamian
ویراستار : سمیر رباسی Samir Rabbasy
نسخه اصلی : Kinder-Mal-Bibe1
حروفچینی : شرکت دیلنبورگ CV Dillenburg

فهرست

عهد قدیم

عهد جدید

زندگی عیسی مسیح از انجیل متی

مقدمه

از پنجره اتاقم به پرنده‌ای (سهره) نگاه می‌کردم. خدا چقدر زیبا، با رنگهای شگفت‌انگیزی این پرنده کوچک را آراسته است. کلاهک مشکی، دم مشکی، بالهای خاکستری و مشکی با جلیقه قرمز روشن، با خطهای آبی خاکستری که در آفتاب بهاری می‌درخشیدند. انسان این رنگ‌آمیزی ظریف را نساخته است بلکه خداست که آفریننده است.

برای این کتاب مصوّر امیدوارم که رنگها، داستانهای معتمد را زنده و داستانهای غریب را معتمد سازد. مداد رنگی برای پیش دبستانیها یکی از وسائل مناسبی می‌باشد که به وسیله آن می‌توانند با کتاب مقدّس آشنا شوند. ما بزرگسالان می‌خواهیم به وسیله خواندن و جواب دادن به سوالات پیش آمده، گفتگویی با آنان داشته باشیم.

مارگیتا پائول

یک نکته خیلی مهّم

زندگی عیسی مسیح در این کتاب مصوّر از کتاب مقدّس گرفته شده است، به این صورت بچّه‌ها می‌توانند به وضوح بدانند که هر مبشّر مسیحی اینها را از دیدگاه بخصوصی مد نظر داشته است.

بزرگسالان باید با خواندن و توضیح دادن این داستانها، این نکته را در نظر داشته باشند.

مارگیتا پائول

داستانهای مصوّر کتاب مقدّس کودکان

برای روخوانی و نقاشی کردن

عهد قدیم

آفرینش خدا

(پیدایش ۱-۲)

آدم و حوّا در باغ عدن راه می‌روند. آنها می‌دانند که خداوند چیزهای خوب را برای آنان آفرید.

او زمین را آفرید. در آغاز همه چیز تاریک بود. برای همین خدا گفت: "روشنائی بشود!" و روشنائی شد. این روز اوّل بود. آسمان را روز دوّم آفرید.

در روز سوّم او زمین را از دریا جدا کرد و گیاهان را رویانید. به این ترتیب زمین زیبا و رنگین شد.

در روز چهارم خدا آفتاب، ماه و ستارگان را آفرید.

حالا نه فقط روز قشنگ و زیبا بود، بلکه شب هم با ستارگان درخشان باشکوه بود ولی زمین خیلی ساکت بود.

به این ترتیب در روز پنجم خدا تمام حیوانات دریایی و انواع پرندگان را آفرید. حالا دیگر در فضا صدای جیک جیک و آواز پرندگان به گوش می‌رسید.

در روز ششم سرانجام خداوند تمام حیوانات زمین را آفرید از فیل گرفته تا سنجاب کوچک. و خدا آدم و حوّا را آفرید. آنها می‌بایستی به تمام آفرینش زیبا فرمانروایی می‌کردند.

وقتی که خدا در روز هفتم استراحت می‌کند همه چیز درست همانطور است که او می‌خواست و او خشنود است!

آدم و حوّا صدای آمدن کسی را می‌شنوند. این صدای خداست و خوشحال نزد او می‌روند. چقدر عالی است که قادر مطلق نزد آنان است.

۱. چه کسی آسمان و زمین را آفرید؟
۲. خداوند چه روشنایی در آسمان گذاشت؟
۳. خدا چه حیواناتی را آفرید؟

عمل کرد بد

(پیدایش ۳)

آیا حقیقت دارد که شما اجازه خوردن از هیچ درختی را ندارید؟ حوّا مکث می‌کند. "چه کسی آنجا صحبت می‌کند؟" این مار است. حوّا در جواب مار می‌گوید ما اجازه خوردن همه آنها را داریم، بجز از یک درخت. خدا آن را ممنوع کرده است. ولی مار از او می‌خواهد که یکبار آن میوه را بچشد.

آن میوه چقدر خوب بنظر می‌آید! حوّا فوراً یکی برای خود و آدم برمی‌دارد. آنها تا آن را می‌خورند می فهمند که مار آنها را فریب داده است. آنها ناراحت می‌شوند و می‌ترسند. فقط شیطان، که از طریق مار با آنها صحبت کرده بود خوشحال است. اوخشنود از رابطه نزدیک خدا با آنان نبود.

آدم و حوّا خودشان را با برگ درختان می‌پوشانند. آنها تا صدای آمدن خدا را می‌شنوند فوراً خودشان را مخفی می‌کنند. البتّـه هیچ چیز از خدا مخفی نمی‌ماند، او می‌داند چه اتفّاقی افتاده است.

انسان سرکش می‌گردد و خدا باید آنها را به خاطر این گناه تنبیه می‌کرد. او آنان را از باغ زیبا بیرون می‌راند. چقدر آدم و حوّا اندوهگین هستند، دیگر آنها نمی‌توانند به راحتی نزد خدا بیایند.

آیا خدا آنها را دیگر دوست ندارد؟ چرا! او به آدم و حوّا قول می‌دهد که بعداً عیسی مسیح می‌آید و همه چیز را دوباره به خوبی درست می‌کند. او مجازات همه کارهای بد را خودش به عهده می گیرد. او تاوان تمام کارهای بد دیگران را خودش به تنهایی می‌پردازد.

۱. خدا چه چیزی را برای آدم و حوّا ممنوع کرده است؟
۲. مار به حوّا چه می‌گوید؟
۳. آدم و حوّا چه مجازاتی را دریافت می‌کنند؟

نوح یک کشتی بزرگ می‌سازد

(پیدایش ۶ : ۱-۹ ، ۱۹)

دینگ! دنگ! دونگ! نوح کار می‌کند. او کشتی بسیار بزرگی می‌سازد. خدا خودش این سفارش را به او داده بود و دقیقاً گفته بود که چطور آن را بسازد و نوح چون کاملاً مطیع است، خواسته خدا را به جا می‌آورد.

مردم در آن زمان جور دیگری زندگی می‌کردند. آنها خدا را خشنود نمی‌کردند، آنها طوری زندگی می‌کردند که گویا خدایی وجود ندارد. آنها کارهای خیلی بد انجام می‌دادند. به همین دلیل خدا تصمیم می‌گیرد که انسانها و حیوانات را نابود سازد. فقط نوح و خانواده‌اش و از هر حیوان یک نر و ماده می‌بایست نجات یابند.

وقتی نوح کشتی را به طور کامل می‌سازد او و خانواده‌اش و حیوانات مذکور وارد آن کشتی می‌شوند وخدا درب کشتی را می‌بندد. باران با شدّت و برای مدّت طولانی شروع به باریدن می‌کند، طوری که مقدار زیادی آب تمام زمین را می‌پوشاند، آنقدرآب بالا می‌آید که حتّی بلندترین قلّه کوه را نیز در برمی‌گیرد.

تمام انسانها و حیوانات غرق می‌شوند، فقط آنانی که در کشتی هستند زنده می‌مانند. چقدر خوب که نوح به خدا ایمان داشت و مطیع او بود. بعد از مدّتی خدا اجازه داد که آبها به عقب روند. حالا زمین دوباره خشک است.

اکنون نوح و خانواده‌اش و تمام حیوانات می‌توانند از کشتی خارج شوند. و خدا آنها را برکت می‌دهد و به آنان می‌گوید بارور و کثیر شوید و زمین را دوباره پرسازید.

۱. نوح از خدا چه دستوری می‌گیرد؟
۲. چه کسانی می‌توانستند وارد کشتی شوند، وقتی که آن به اتمام رسید؟
۳. چه کسی درب کشتی را می‌بندد و نمی‌گذارد آنانی که داخل آن بودند هلاک شوند؟

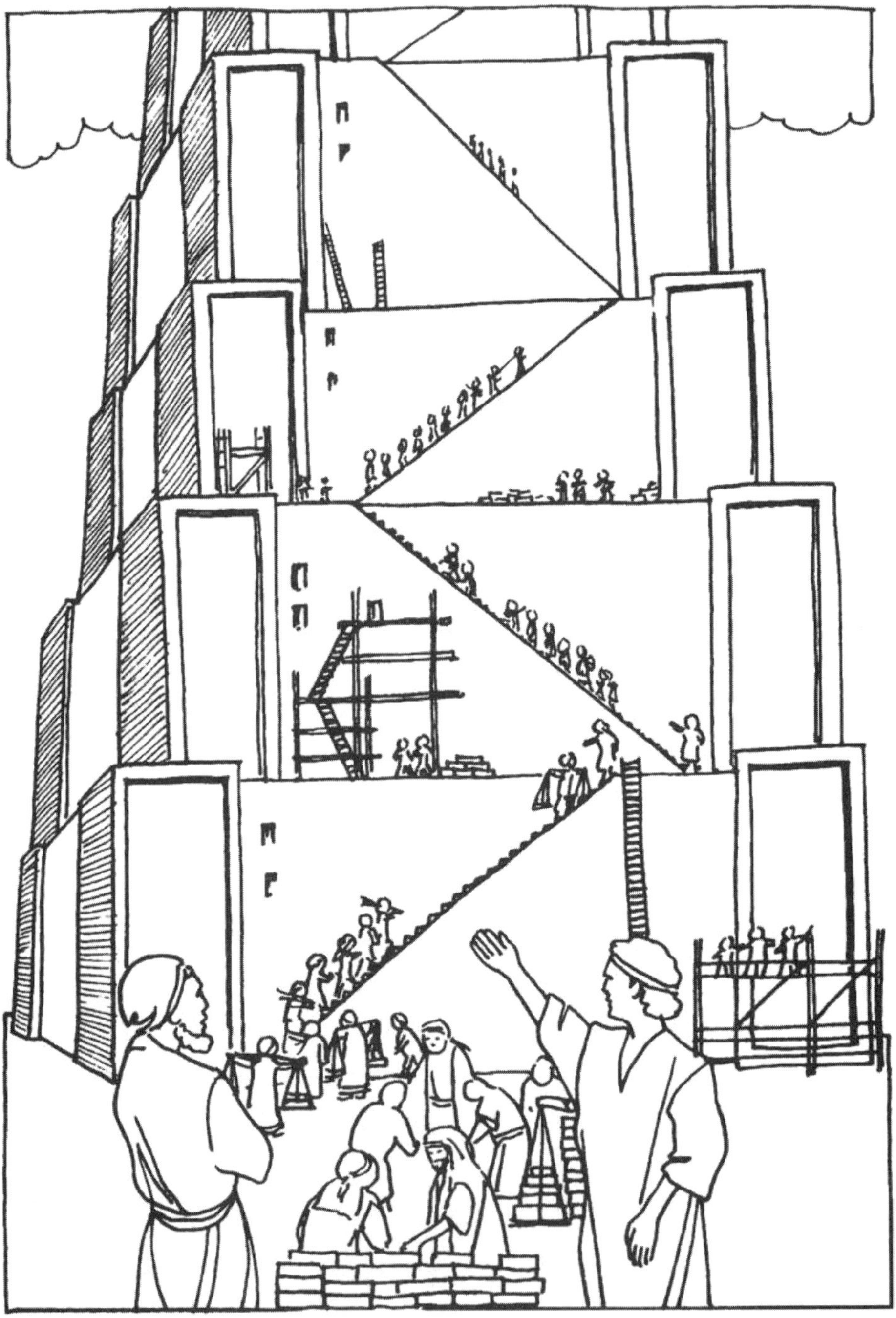

برج بزرگی ساخته می‌شود

(پیدایش ۱۱ : ۱-۹)

در زمین شنعار (که امروزه عراق نامیده می‌شود) مردم سخت کار می‌کنند و خانه‌هایی برای خود می‌سازند. مردمی که در آنجا کار می‌کنند با هم مشورت کرده، می‌گویند: بیائید شهر بزرگی بنا کنیم و برجی بلند در آن بسازیم که سرش به آسمان برسد، تا مشهور و مقتدر شویم. دیگر به خدا احتیاج نداریم.

امّا بعداز انجام کار زیاد و سخت آنها ناگهان قادر به ادامه کار نمی‌باشند. دلیلش چیست؟ چه اتّفاقی رخ داده است؟

مردم با هم صحبت می‌کنند ولی نمی‌توانند همدیگر را بفهمند، با هم دعوا می‌کنند. آنها قبلا با یک زبان با هم صحبت می‌کردند، چرا حالا همدیگر را نمی‌فهمند؟ چرا ناگهان هرکس به زبان دیگری صحبت می‌کند؟

خدا همین را می‌خواست، او به آنان گفته بود که بروند و برتمامی زمین پراکنده شوند ولی مردم چه کردند؟ آنها شروع به بنای شهر بزرگ و برج بلندی کردند تا همه در یک‌جا جمع شوند، تا قابل رؤیت و مقتدر باشند.

رفتار خودخواهانه آنان نمی‌تواند خدا را خشنود سازد. آنها سرکش هستند و فقط به خودشان فکر می‌کنند، به همین دلیل هم خدا، اختلال در زبانشان بوجود آورد که نتوانند همدیگر را بفهمند. به این صورت شهر را ترک کرده و بر تمامی زمین پراکنده می‌شوند.

۱. مردم در زمین شنعار چه چیزی را بنا می‌کنند؟
۲. چرا آنها ناگهان نمی‌توانند همدیگر را بفهمند؟
۳. وقتی که آنها نتوانستند همدیگر را بفهمند چه چیزی رخ می‌دهد؟

ابراهیم به کشور غریبی مهاجرت می‌کند

(پیدایش ۱۱ : ۲۷-۱۲ : ۹)

ابراهیم در شهری زندگی می‌کند که مردمان آن شهر به خداوند ایمان ندارند. آنها مجسّمه‌های چوبی و سنگی را پرستش می‌کنند که "بت" نامیده می‌شود. اغلب ابراهیم مورد تمسخر قرار می‌گیرد، زیرا او با آنها همکاری نمی‌کند. او به خدای زنده ایمان دارد.

روزی خدا به او می‌گوید: "ابراهیم من می‌خواهم که تو این شهر را ترک کرده به سرزمینی بروی که به تو نشان خواهم داد. من می‌خواهم به تو، بچّه‌ها و نوه‌های تو برکت دهم و با تو باشم. من می‌خواهم ملّت بزرگی از تو بوجود آورم".

آیا ابراهیم می‌باید خانه، دوستان، و فامیلش را ترک کند؟ آیا او باید سفری را شروع کند که نمی‌داند به کجا می‌رود؟ این یک تصمیم سختی است.
ابراهیم خدا را دوست دارد و به او اطمینان دارد. او می‌رود. زن او سارا و برادرزاده‌اش،لوت،او را همراهی می‌کنند. همچنین نوکران و تعداد زیادی از شتران، گاوان، گوسفندان و بزان هم همراهشان هستند.

هیچ‌کس راه را نمی‌شناسد، همه ابراهیم را دنبال می‌کنند و ابراهیم از طرف خداوند هدایت می‌شود با اینکه او خدا را نمی‌بیند.

این یک سفر خیلی دور و درازی است. قطار، ماشین یا هواپیما وجود ندارد. شترها آنها را روز به روز جلو می‌برند.

بالاخره وقتی که آنها به زمین کنعان دسترسی پیدا می‌کنند، خدا به ابراهیم می‌گوید: "روزی من این زمین را به تو و نسل تو خواهم بخشید!" ابراهیم از این موضوع بسیار خوشحال می‌شود. او در آنجا برای خداوند قربانگاهی بنا می‌کند و او را ستایش می‌نماید.

۱. خدا به ابراهیم چه می‌گوید؟
۲. ابراهیم چه عکس العملی در برابر خواست خداوند نشان می‌دهد؟
۳. خدا به ابراهیم چه قولی می‌دهد؟

ابراهیم و لوت از هم جدا می‌شوند

(پیدایش ۱۳ : ۵-۱۸)

ابراهیم و برادرزاده‌اش لوت خیلی ثروتمند هستند. هر کدام از آنها دارای احشام بزرگی می‌باشند و چوپانانی که از حیوانات نگه‌داری می‌کنند. دّره‌ای که هم اکنون در آن زندگی می‌کنند، مراتع وچراگاه‌های مناسبی برای گلّه در اختیار ندارد، همچنین آب کافی هم موجود نیست، بنابراین اغلب، چوپانان با هم دعوا می‌کنند که چه کسی اوّل گلّه‌اش را به چراگاه‌ها و چشمه آب برساند.

ابراهیم می‌گوید: "اینطور نمی‌شود ادامه داد" او لوت را صدا می‌کند و می‌گوید: "لوت، این درست نیست که چوپانان ما همیشه با هم دعوا کنند و همدیگر را بزنند. سرزمینی که در آن بسر می‌بریم به اندازه کافی بزرگ است مصلحت در آن است که ما از هم جدا شویم، در این صورت بین چوپانان ما دیگر نزاعی صورت نخواهد گرفت. اینک دشت وسیعی پیش روی ماست، هر سمتی را که می‌خواهی انتخاب کن و من هم به سمت مقابل تو خواهم رفت. اگر به طرف چپ بروی، من به طرف راست می‌روم و اگرطرف راست را انتخاب کنی، من به سمت چپ می‌روم".

ابراهیم همانطور که خدا می‌خواهد رفتار می‌کند او حق انتخاب را به دیگری می‌سپارد و نمی‌خواهد با او مجادله و بحث نماید.

آنگاه لوت درّه بهتری را انتخاب می‌کند که کنار رود اردن، نزدیک شهر سدوم است. آنجایی که مردم کارهای خیلی بدی را انجام می‌دادند.

آنها از هم جدا می‌شوند و ابراهیم در کوهستان کنعان می‌ماند. خدا به او وعده می‌دهد که تمام سرزمین را به او بدهد. ابراهیم باید برای همیشه خدا را پیروی کند.

۱. چرا چوپانان با هم دعوا می‌کنند؟
۲. رفتار ابراهیم در مقابل لوت چطور بود؟
۳. خدا چه وعده‌ای به ابراهیم می‌دهد؟

لوت دو بار نجات می‌یابد

(پیدایش ۱۴ : ۸-۲۴ ؛ ۱۸ : ۱۶ ؛ ۱۹ : ۲۹)

لوت به شهر سدوم نقل مکان می‌کند ساکنانش دیگر خداشناس نیستند. آنها هر کاری که دلشان می‌خواهد، انجام می‌دهند. روزی جنگ رخ می‌دهد، سدوم و عموره مورد حمله قرار می‌گیرند. دشمنان، سدوم و عموره را غارت کرده، لوت را هم به اسارت می‌برند. تا ابراهیم این خبر را می‌شنود، لوت را به کمک دوستان و نوکرانش آزاد می‌کند. با این وجود لوت می‌خواهد همچنان در آنجا بماند.

در یک روز خیلی گرم برای ابراهیم سه تن مهمان می‌رسد. آنها سه فرشته هستند که حامل پیامی برای ابراهیم می‌باشند. ابراهیم از آنان شنید که خدا قصد نابودی سدوم و عموره را دارد زیرا مردم آنجا کارهای بد و وحشتناکی انجام می‌دهند. ابراهیم خواهش می‌کند که از آن شهر چشم‌پوشی کند، زیرا او می‌خواهد لوت و خانواده‌اش نجات یابند. در همان شب، دو فرشته پیش لوت می‌روند و به او گوشزد کرده می‌گویند: "خدا می‌خواهد این شهر را نابود کند، هر چه سریعتر زن و دخترانت را با شوهرانشان بردار و این شهر را ترک کن!" لوت به همراه زن و دخترانش، با عجله خانه زیبایشان را ترک می‌کند ولی دامادهایش این اخطار را جدی نمی‌گیرند و درآنجا می‌مانند.

آنها به هیچ عنوان نباید رویشان را برگردانند، ولی زن لوت، با وجود اینکه می‌دانست اجازه این کار را ندارد، برمی‌گردد و پشت سرش را نگاه می‌کند که همانجا بدن او تبدیل به ستون نمک می‌گردد. وقتی که لوت و دخترانش در امان هستند، خدا سدوم و عموره را ویران می‌سازد.

درآن شهر بزرگ حتّی ده نفر هم نبودند که به خدا ایمان داشته باشند، امّا خداوند از لوت محافظت می‌کند.

۱. چرا باید لوت و خانواده‌اش شهر را ترک کنند؟
۲. چه کار اشتباهی زن لوت انجام می‌دهد؟
۳. چه کسی لوت و دخترانش را نجات می‌دهد؟

ابراهیم صاحب پسری می‌شود

(پیدایش ۱۷ : ۱۵-۲۲ ؛ ۲۱ : ۱-۷)

ابراهیم و سارا در سرزمین کنعان به سر می‌برند. این سرزمینی است که خدا به آنان وعده داده است. متأسفانه آنها فرزندی ندارند و سارا از این بابت خیلی غمگین است، چونکه بچّه‌دار نمی‌شود و مورد تمسخر بقیه قرار می‌گیرد.

خدا خیلی با محبّت است، او چند وقت پیش به آنان قول می‌دهد که بچّه‌دار خواهند شد و او باید اسحاق نامیده شود. در ابتدا آنها نمی‌توانستند این را باور کنند، زیرا هردوی آنها خیلی پیر شده بودند، ولی چون خدا این را گفته است باور می‌کنند.

زمانی می‌گذرد و ابراهیم و سارا هنوز تنها می‌باشند. تا چه زمانی باید آنها برای وعده‌ای که خدا به آنها داده است، منتظر بمانند؟ آیا او فراموش کرده است؟ شرایط برای سارا طاقت فرسا می‌شود. البتّه که خدا فراموش نکرده است، بعضی وقتها خدا می‌خواهد که مردم کمی بیشتر صبر کنند. او می‌خواهد ببیند که آیا آنها هنوز وفادار هستند و به او ایمان دارند؟

بالاخره زمان فرامی‌رسد و ابراهیم و سارا همانطور که خدا قول داده بود، دارای فرزندی می‌شوند. یک پسر کوچک به دنیا می‌آید. ابراهیم با خوشحالی او را در آغوش می‌گیرد. بله، خدا خیلی نیکوست، او هر قولی که می‌دهد، به آن عمل می‌کند. هر چند که ما بعضی وقتها مدّت زیادی باید در انتظار بمانیم.

اسحاق بزرگ می‌شود، او راه رفتن را آموخته، همینطور می‌تواند صحبت کند. وقتی آنقدر بزرگ می‌شود که می‌تواند نان و گوشت هم بخورد، ابراهیم جشن بزرگی بر پا می‌کند.

۱. خدا چه قولی را به ابراهیم و سارا می‌دهد؟
۲. به چه دلیل آنها نمی‌توانند این را باور کنند؟
۳. پسر ابراهیم چه نامیده می‌شود؟

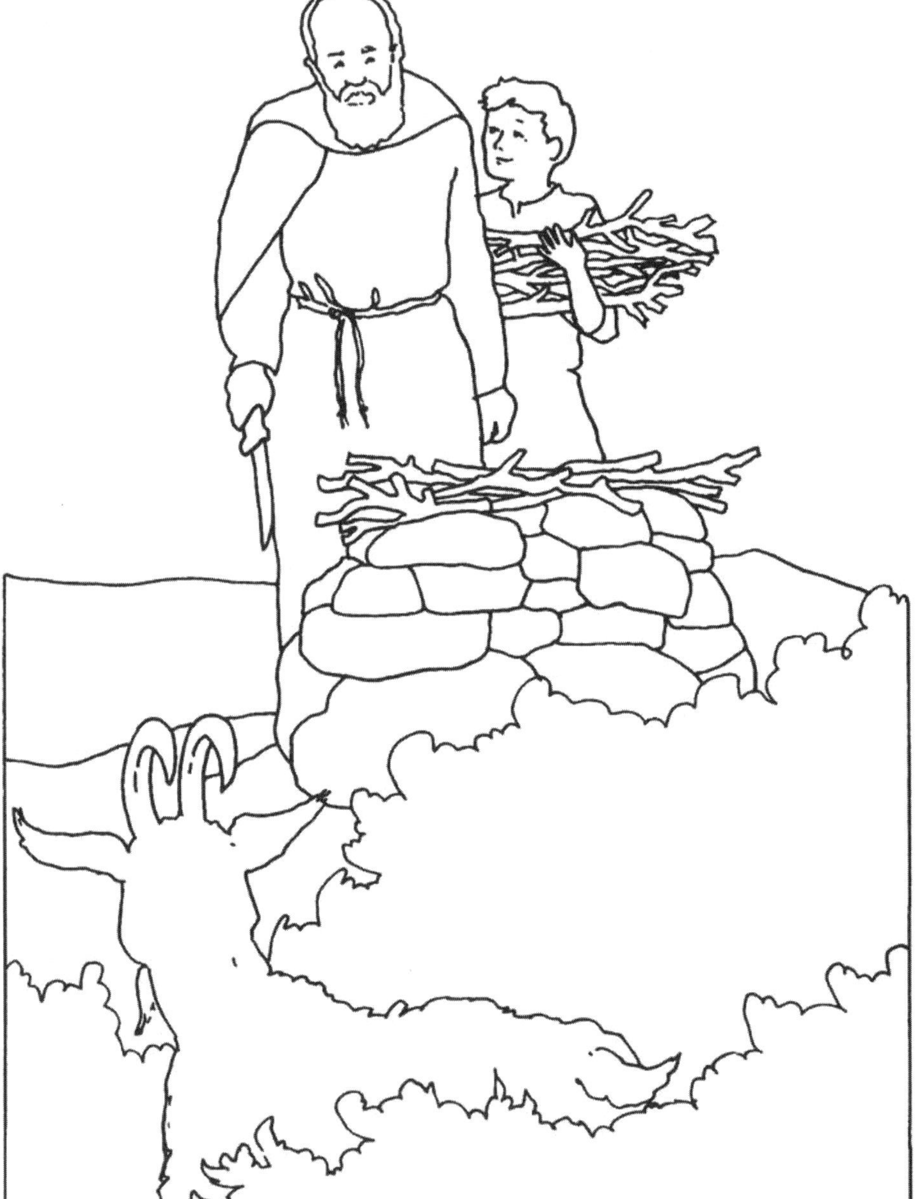

ابراهیم باید اسحاق را قربانی کند

(پیدایش ۲۲ : ۱-۱۹)

ابراهیم و سارا فرزندشان را خیلی دوست دارند. ممکن است که ابراهیم فرزند خود را بیشتر از خدا دوست داشته باشد؟ این را خدا می‌خواهد امتحان کند. هیچ موردی برای نگرانی نیست، زیرا امتحان ، خوب پیش می‌رود.

روزی خدا به ابراهیم می‌گوید: "پسر خود اسحاق را بردار و با او به کوهی برو که جایش را به تو نشان خواهم داد. او را باید قربانی کنی".

ابراهیم دلش می‌خواهد داد بزند: "نه این کار را نمی‌کنم". ولی او مطیع خداست. ابراهیم می‌داند که خدا نمی‌خواهد او را غمگین و ناراحت کند. خدا می‌خواهد فقط او را امتحان کند.

روز بعد ابراهیم و اسحاق به راه می‌افتند. سه روز بعد آنها به جایی که ابراهیم باید قربانگاه بسازد می‌رسند. اسحاق خوشحال می‌شود که به مقصد رسیدند. ناگهان پسرک صدا می‌زند و می‌گوید: "پدر، آن برهّ کجاست که باید قربانی شود". ابراهیم به سختی می‌تواند حرف بزند. او می‌گوید: "پسرم، خدا آن را مهیّا خواهد ساخت". ابراهیم با متانت و سکوت در حال دعا قربانگاهی می‌سازد. او لایه‌هایی از سنگ را روی هم می‌گذارد و هیزم را نیز بر روی آنها قرار می‌دهد. سپس پسرش را برمی‌دارد و روی هیزم می‌خواباند.

در همان هنگام که چاقو را به طرف پسرش بلند می‌کند، خدا صدا می‌زند و می‌گوید: " این کار را نکن، به پسرک آسیبی نرسان. حالا دانستم که تو در این وضعیّت سخت هم مرا دوست داری و مطیع من هستی".

خدا قربانی را مهیّا می‌کند. ابراهیم متوجّـه برهّ‌ای می‌شود که شاخهایش به خارهای بوته‌ای گیر کرده است. او آن برهّ را به جای پسرش قربانی می‌کند. ابراهیم در امتحان قبول می‌شود و اسحاق نجات می‌یابد.

۱. خدا از ابراهیم چه می‌خواهد؟
۲. خدا چه امتحانی را می‌خواهد از ابراهیم بگیرد؟
۳. آن حیوانی که ابراهیم قربانی می‌کند کجاست؟

همسری برای اسحاق

(پیدایش ۲۴)

اسحاق بالغ است و وقت ازدواجش رسیده است. البتّه او کجا می‌تواند زنی را پیدا کند که ایماندار باشد، نه اینکه مانند زنهای سرزمین کنعان بتها را پرستش کند.

ابراهیم باوفاترین خادمش را می‌فرستد تا عروسش را جستجو کند. خادمش می‌داند که فقط موقعی می‌تواند زن مناسب را پیدا کند که خدا او را همراهی کند. به این صورت او سفر طولانی را شروع کرده، بعد از چند هفته به ناحور می‌رسد. خادم برای آب دادن به شترها، به حبشه می‌آید. زنها و دخترها هم برای کشیدن آب از شهر به آن محل آمده‌اند. خادم ابراهیم خیلی برانگیخته و هیجان زده است. او چطور می‌تواند از بین این همه دختر، مناسب‌ترین را انتخاب نماید. او اینطور دعا می‌کند: "خدایا کمکم کن! به من یک نشانی بده، تا آن دختری که تو برای اسحاق درنظر گرفتی پیدا کنم".

در حین دعا، دختر جوانی نزدیک می‌شود و کوزه‌اش را از آب پر می‌کند. آن خادم از او خواهش کرده، می‌گوید: "کمی آب به من بده تا بنوشم". او مؤدبانه آب را داده می‌گوید: "می‌خواهم به شترهایت هم آب بدهم". آن خادم جا می‌خورد، زیرا این همان نشانه‌ای است که او با خدا توافق کرده بود. بنابراین، این همان زنی است که او برای اسحاق جستجو می‌کرد.

خادم تا پی می‌برد که نام او ربکا است و خانواده‌اش از فامیل‌های ابراهیم می‌باشند، باخود می‌گوید: "این زن خدا را دوست می‌دارد و برای اسحاق زن مناسبی می‌باشد". او اشتباه نکرده است، ربکا حاضر است که زن اسحاق شود و به کنعان برود. اسحاق و ربکا خوشبخت خواهند شد. آنها می‌دانند که خدا آنها را به هم متصل کرده است.

۱. چرا ابراهیم خادمش را به ناحور می‌فرستد؟
۲. خادم، در کنار چشمه، چه چیزی را از آن زن جوان می‌خواهد؟
۳. اسم آن زن که خدا برای اسحاق در نظر گرفته است چیست؟

دو قلوها، یعقوب و عیسو

(پیدایش ۲۵ : ۲۴-۳۴)

اسحاق و ربکا دارای دو پسر دوقلوی پر جنب و جوش به نامهای عیسو و یعقوب می‌باشند.

تفاوت آنها، بخصوص وقتی که بزرگ شدند دیده می‌شود. عیسو یک مردی است که بیشتر بیرون در طبیعت است. او قوی و شکارچی بسیار خوبی است. یعقوب مانند او قوی نیست. او بیشتر دوست دارد در خانه کار کند. او می‌تواند غذای لذیذی تهیّـه کند و از حیوانات مواظبت نماید.

ظهر، موقع ناهار است و یعقوب مانند همیشه سوپ خوشمزه‌ای درست کرده است. عیسو از شکار به خانه برمی‌گردد و حسابی گرسنه است. برادرش یعقوب نقشه پلیدی دارد. او اینطور به عیسو می‌گوید: "تو در صورتی می‌توانی از این سوپ بخوری که حقّ نخست زادگی‌ات را به من واگذار نمایی!".

پسر اوّل هر خانواده، دو برابر بقیه ارث می‌برد و همچنین از خداوند برکت مخصوص می‌گیرد.

عیسو خیلی گرسنه است و به یعقوب می‌گوید: "تو می‌توانی ارث اضافی من را داشته باشی، زیاد برای من مهّم نیست". حق نخست زادگی و برکت خداوند برای او مفهومی ندارد. یعقوب از عیسو می‌خواهد که به او قول بدهد. عیسو بدون معطّلی جواب می‌دهد: "من به تو قول می‌دهم. حالا سوپم را بده که خیلی گرسنه‌ام". عیسو سیر می‌خورد و آنجا را ترک می‌کند. آیا او می‌داند که مرتکب چه اشتباه بزرگی شده است؟

۱. آن دوقلوها چه نام دارند؟
۲. هر کدام از آنها چه مهارتهایی دارند؟
۳. عیسو درمقابل چه چیزی حق نخست زادگیش را واگذار می‌کند؟

یعقوب پدرش را فریب می‌دهد

(پیدایش ۲۷)

یعقوب و عیسو مردان بالغی می‌باشند. پدرشان در این مدّت پیر شده وچشمانش تار گشته است. او عیسو را صدا می‌زند و می‌گوید: "حیوانی را برای من شکار کن و از آن غذایی برای من تهیّـه کن! بعد از اینکه خوردم می‌خواهم تو را برکت دهم". وقتی که ربکا این را می‌شنود با عجله پیش یعقوب می‌رود. او نمی‌خواهد که عیسو برکت یابد. سریع می‌گذارد دو بزغاله را سر ببرند و گوشتش را طوری درست می‌کند که مزه گوشت شکاری را دهد. او یعقوب را راضی می‌کند که لباسهای عیسو را بر تن کند. سپس پوست بزغاله را بر دستها و گردن او می‌بندد تا پوستش مثل پوست عیسو پرمو احساس شود. به همین شکل او را پیش اسحاق می‌فرستد.

یعقوب می‌گوید: "پدر، این هم غذایی که تو دوست داری" در ابتدا اسحاق پیر شک می‌کند و می‌گوید: "این که صدای یعقوب است". ولی وقتی لمسش می‌کند، مطمئن می‌شود که عیسو را در مقابلش دارد. او همچنان فریب می‌خورد و یعقوب را به جای عیسو برکت می‌دهد. حالا یعقوب می‌ترسد از اینکه مچ او به زودی باز خواهد شد.

عیسو از شکار می‌آید و غذای پدرش را آماده می‌کند و نزد او می‌آورد. وقتی که عیسو برکت را می‌طلبد، همه چیز روشن می‌شود، یعقوب پدرش را فریب داده است. عیسو می‌داند که پدرش فقط یکبار می‌تواند این برکت مخصوص را بدهد. او با عصبانیّت داد می‌زند: "یعقوب نه تنها حق نخست زادگی مرا، بلکه آن برکتی را هم که از آن من بود به خود گرفت. به زودی پدرم می‌میرد و من او را خواهم کشت". یعقوب فهمید که فریب دادن، کار خوبی نیست و خدا آن را دوست ندارد. حالا ناچار یعقوب باید به سرزمین دیگری فرار کند.

۱. اسحاق از پسرش عیسو چه خواهشی می‌کند؟
۲. یعقوب پدرش را چطور فریب می‌دهد؟
۳. چرا عیسو خشمگین می‌گردد؟

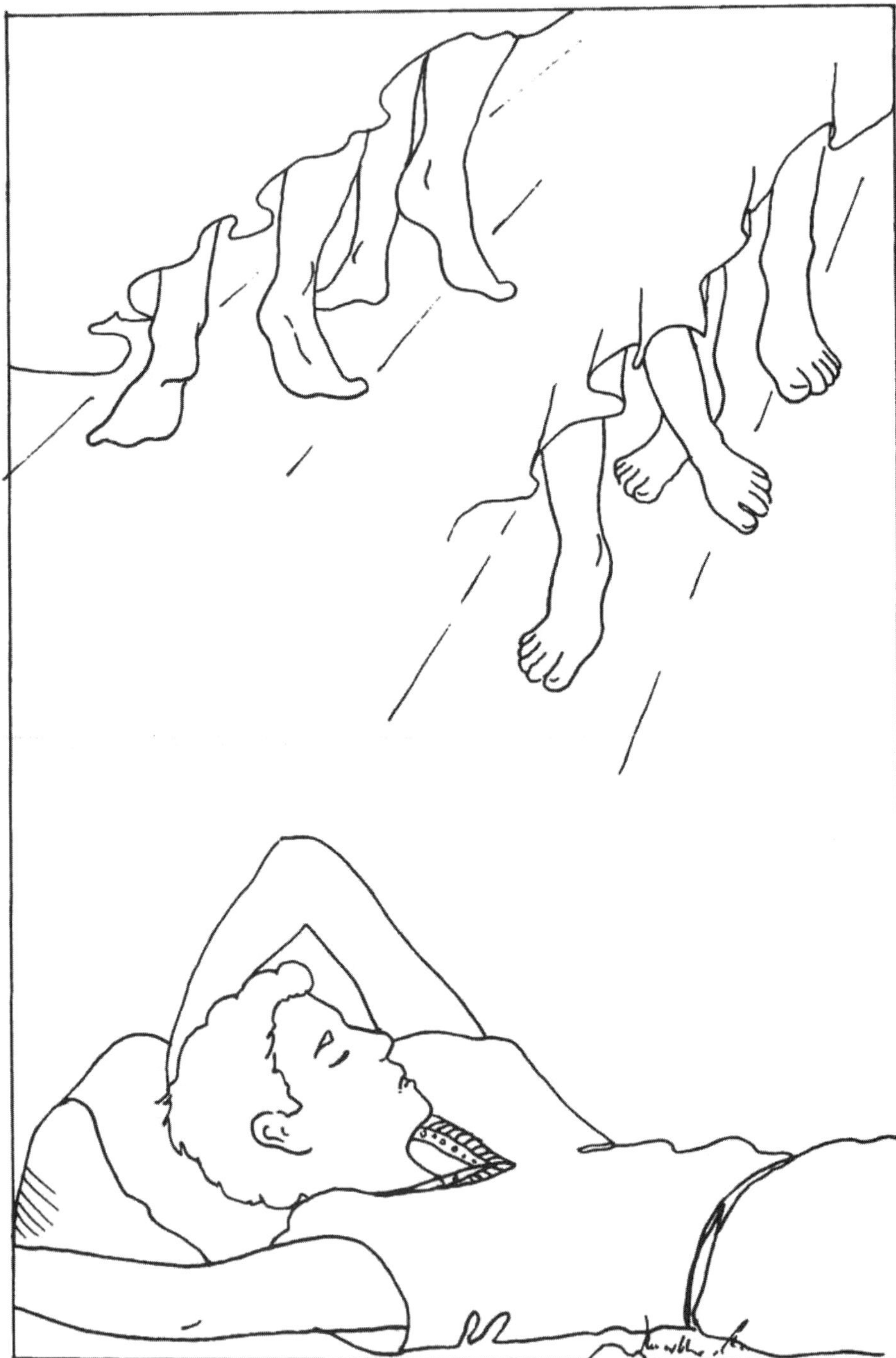

یعقوب به کشور دیگری می‌گریزد

(پیدایش ۲۸ : ۱-۵ ؛ ۲۸ : ۱۰-۲۲)

یعقوب، تو باید سریع از اینجا بروی، برای تو هیچ خوب نمی‌شود وقتی برادرت تو را پیدا کند. در حالی که ربکا برای سفر پسرش خوراک آماده می‌کرد توصیه می‌کند: "به حران، پیش دایی خود فرار کن و در آنجا بمان تا خشم عیسو فرونشیند". یعقوب از خود متنفر می‌شود. او اشتباهات زیادی مرتکب شده است و حالا از خودش ناراضی است. آیا خدا هنوز او را دوست می‌دارد؟

در راه، یعقوب باید شب را در یک مکانی به سر ببرد زیرا تاریک شده است. پس او بر روی زمین دراز می‌کشد و سنگی را به عنوان بالش زیر سرش می‌گذارد. او در خواب، نردبانی را می‌بیند که پایه آن بر زمین و سرش به آسمان می‌رسد و فرشتگان خدا از آن بالا و پائین می‌روند و خداوند از بالا او را می‌نگرد. سپس خداوند می‌گوید: "من خداوند، خدای ابراهیم و خدای پدرت اسحاق هستم و می‌خواهم خدای تو هم باشم. من با تو هستم، هرجا که بروی من تو را حمایت کرده، دوباره به سلامت به این سرزمین باز خواهم آورد. تو صاحب فرزندان زیادی خواهی شد. زمینی که روی آن خوابیده‌ای، من آن را برای همیشه به تو و نسل تو می بخشم. آنچه که به تو وعده داده‌ام را به جا خواهم آورد". یعقوب از خواب بیدار می‌شود. او غرق در خوشحالی است چرا که خداوند او را تنبیه نکرده است و حتّی در خواب با او صحبت کرده است. پس یعقوب این مکان را "بیت ئیل" یعنی خانه خدا می‌نامد. او به خداوند قول می‌دهد: "اگر خداوند مرا محافظت کرده، دوباره به این سرزمین برگرداند، پس فقط او خدای من خواهد بود و به خاطر او قربانی تشکر بجاآورده و تا زمانی که زنده هستم مطیع او خواهم شد". یعقوب می‌داند که خدا او را بخشیده و کمک کرده است که بتواند دوباره خوشحال باشد.

۱. چرا باید یعقوب فرار کند؟
۲. یعقوب چه خوابی را می‌بیند؟
۳. چه کسی یعقوب را دوباره خوشحال می‌سازد؟

یعقوب باز می‌گردد

(پیدایش ۳۱-۳۲)

یعقوب دلتنگ شده است. مدّت درازی است که او درکشور غریبی به سر می‌برد. او والدین و سرزمین خود را خیلی وقت است که ندیده است. آیا برادرش عیسو هنوز قصد کشتنش را دارد؟

در این مدّت طولانی که یعقوب در حران زندگی می‌کند، دارای ثروت زیادی گشته است، او زن و بچّه دارد و دارای نوکران و گله‌های بزرگی می‌باشد. او با نگرانی به وضعیتش فکر می‌کند. پدر زنش نمی‌گذارد که او آنجا را ترک کند و برادرهای زنش هم به او حسادت می‌ورزند. خدا در خواب با یعقوب صحبت می‌کند: "برگرد به خانه خود، به من اعتماد کن! من از تو محافظت خواهم کرد!". یعقوب مخفیانه حران را ترک می‌کند. او خانواده، نوکران، گلّه‌هایش و هر چه را که دارد برمی‌دارد و با خود می‌برد. بعد از هفته‌ها، بالاخره آنها به زمین کنعان می‌رسند. ناگهان یعقوب پیغامی را دریافت می‌کند: "عیسو به همراه چهارصد نفر به استقبال تو می‌آید". یعقوب بی‌نهایت هراسان گشته و نگران خانواده‌اش است. او شروع به دعا کردن می‌کند: "خداوندا! تو در حقّ من خیلی خوبی کردی. اکنون التماس می‌کنم مرا از دست برادرم عیسو، رهایی دهی. او می‌خواهد ما را بکشد. ما را از خشم او محافظت فرما". آنگاه یعقوب، بهترین حیوانات را از گلّه برای عیسو جدا می‌کند. او می‌خواهد آنها را به عیسو ببخشد. صبح روز بعد، همه آنها از رود یبوق عبور می‌کنند.

بالاخره آن زمان رسید که یعقوب و عیسو می‌بایست با همدیگر روبرو شوند. تمام ترس و اضطراب از بین می‌رود. آن دو برادر دوقلو، همدیگر را در آغوش گرفته می‌بوسند. خدا دعای یعقوب را شنیده، آن را مستجاب نمود. عیسو یعقوب را می‌بخشد.

۱. اموال یعقوب کدامند؟
۲. وقتی که ترس یعقوب را فرامی‌گیرد چکار می‌کند؟
۳. عیسو و یعقوب چگونه با هم ملاقات می‌کنند؟

یوسف و برادرانش

(پیدایش ۳۷)

یعقوب از کثرت پسرانش مفتخر می‌باشد. البتّه یوسف را از همه بیشتر دوست می‌دارد، از این بابت برادرانش به او حسادت می‌کنند. از زمانی که یعقوب به یوسف یک ردای مخصوص و زیبا هدیه داده بود، برادرانش حتّی از او متنفر هم شدند.

یک شب یوسف خواب می‌بیند. او برای برادرانش این خواب را تعریف می‌کند: "در مزرعه، دسته‌های گندم شما، به دسته‌های گندم من تعظیم می‌کردند". برادرانش با عصبانیّت داد زدند: "آیا می‌خواهی بگویی که ما برای همیشه جلوی تو تعظیم خواهیم کرد؟".

یوسف بار دیگر خواب می‌بیند و این بار نیز برای برادرانش و پدرش تعریف می‌کند. "در خواب دیدم که آفتاب و ماه و یازده ستاره به من تعظیم می‌کردند". پدرش او را سرزنش کرده گفت: "آیا واقعاً من و مادرت و برادرانت آمده جلوی تو تعظیم خواهیم کرد؟" برادرانش غضبناک شده گفتند: "ما به او درس عبرتی خواهیم داد که دیگر چرت و پرت نگوید".

یک روز یوسف برادرانش را جستجو می‌کند. آنها از گلّه مواظبت می‌کنند. وقتی که او به آنها نزدیک می‌شود، آنها ردای زیبایش را پاره کرده او را به چاه می‌اندازند. خوشبختانه آن چاه آب نداشت. ولی آیا یوسف می‌تواند ازآن چاه بیرون بیاید؟ برای برادرانش هیچ مهّم نبود.

ناگهان کاروانی را می‌بینند که به طرفشان نزدیک می‌شود آنها تاجر می‌باشند. برادران می‌خواهند از او خلاص شوند. بنابراین او را به عنوان برده به تاجران می‌فروشند. چقدر آنها نسبت به او بی‌انصافی می‌کنند. ولی چه خوب که یوسف تنها نیست خدا همراه اوست.

۱. یوسف از پدرش چه چیزی را دریافت می‌کند؟
۲. چرا برادران از یوسف نفرت دارند؟
۳. برادران با یوسف چکار می‌کنند؟

یوسف بی‌گناه در زندان

(پیدایش ۳۹-۴۰)

یوسف با خود می‌اندیشد: "تاجران مرا به کجا خواهند برد؟" موقعی که تاجران به مصر می‌رسند، او را به عنوان برده می‌فروشند. یک سرباز او را به فوتیفار، که رئیس محافظان دربار است، هدایت می‌کند. یوسف باید در اینجا کار کند. او تمام دستورالعمل‌ها را با دقّت انجام می‌دهد و در تمام امور سخت تلاش و کوشش می‌کند، در نتیجه، او موفق بر تمام کارها می‌گردد. خدا او را فراموش نکرده است و او هم همینطور.

پس از چندی، نظر همسر فوتیفار به یوسف جلب می‌شود و می‌خواهد به شوهرش خیانت کند و یوسف را دچار وسوسه به عمل زشت نماید. ولی یوسف امتناع می‌کند و نشان می دهد که خدا را دوست دارد و می‌خواهد مطیع او بماند. آن زن برای گرفتن انتقام از یوسف به شوهرش داستان دروغی را تعریف می‌کند: "یوسف برده، می‌خواست به من تجاوز کند". شوهرش بدون آنکه از یوسف کلامی را بشنود، او را به زندان می‌افکند. برای یوسف خیلی بد شد، ولی خوب است که خدا همه چیز را می‌داند و او را تنها نمی‌گذارد.

رئیس نانوایان و ساقیان فرعون هم در زندان بودند. خدا به خواب هردوی آنها می‌آید و صحبت می‌کند. یوسف خواب آنها را تعبیر می‌کند و هر چه که او بازگو کرده بود به وقوع می‌پیوندد: یکی از آنان دوباره ساقی خواهد شد و دیگری باید کشته شود. قبل از اینکه ساقی آزاد شود، یوسف از او خواهش کرده بود که راجع به او با پادشاه صحبت کند و آزادی وی را از او تمّنا کند. ولی آن ساقی فراموش می‌کند. زیرا فقط به خودش فکر می‌کرد. دو سال تمام می‌گذرد تا بالاخره یوسف از زندان آزاد می‌شود. یوسف یک نمونه بسیار خوبی برای ما انسانها است که چگونه به خداوند وفادار بمانیم.

۱. برای چه کسی باید یوسف در مصر کار کند؟
۲. چرا یوسف خواسته زن فوتیفار را به انجام نرساند؟
۲. یوسف برای چه کسانی تعبیر خواب می‌کند؟

یوسف با برادرانش روبرو می‌شود

(پیدایش ۴۲-۴۵)

یوسف در مصر وضع بسیار خوبی دارد. او، بعد از پادشاه، مقام دوّم مملکت را دارد. امّا یعقوب و پسرانش گرسنگی می‌کشند. فقط انبارهای مصر پر از غلّه می‌باشند، بنابراین آن ده برادر به آنجا می‌روند ولی بنیامین، جوانترین پسر، با آنان نیست زیرا پدرشان می‌ترسد اتّفاقی برای او رخ دهد.

پسران یعقوب ، بدون هیچ اطلاعی، به دنبال شخصی می‌گردند که غلّه می‌فروشد. آنها برادر خود، یوسف را نشناختند ولی او آنان را شناخت. دلیل اینکه او سختگیری می‌کند به خاطر غضبش نیست، بلکه می‌خواهد آنها به اشتباهی که قبلاً کرده‌اند پی‌ببرند و قبول کنند. آنها به یوسف توضیح می‌دهند: "ما از کنعان آمده‌ایم و دوازده برادریم. کوچکترین ما می‌بایست در خانه بماند. یکی از برادرانمان هم مرده است." یوسف به آنان غلّه می‌دهد ولی در مقابلش می‌خواهد که برادر کوچکشان را ببینند. یکی از برادرها باید زندانی شود تا وقتی که بنیامین بیاید.

در آنجا بود که ده برادر به یاد روزهایی می‌افتند که به برادرشان بدی کردند. آنها به همدیگر می‌گویند: "برای اینکه ما قبلاً به یوسف خیلی بدی کرده‌ایم، حالا باید تاوان پس دهیم". وقتی که آنها برمی‌گردند و به پدرشان می‌گویند که بنیامین باید به مصر برود، یعقوب خیلی ناامید و ناراحت می‌شود. او یوسف را از دست داده بود و اکنون باید بنیامین را بدهد. برای او فقط همین مانده است که پسرانش را به خدای بزرگ بسپارد و به او اعتماد کند. بالاخره وقتی که برادران با بنیامین در مقابل یوسف می‌ایستند، یوسف خودش را به آنان معرفی می‌کند. برادران حیرت‌زده و هراسان می‌شوند. امّا یوسف می‌گوید: "غمگین نباشید. ببینید چطور خدا برای من همه چیز را فراهم کرده است. بروید و پدرم یعقوب را به اینجا بیاورید". اکنون برادران خوشحالند، یوسف آنان را بخشید.

۱. چرا برادران به مصر می‌روند؟
۲. نام کوچکترین برادر چیست؟
۳. یوسف چه رفتاری را در مقابل برادرانش نشان می‌دهد؟

دیدار یعقوب با یوسف

(پیدایش ۴۶ : ۲۸ ؛ ۴۷ : ۶ ؛ ۵۰ : ۱۴-۲۶)

یعقوب اکنون می‌داند که پسرش یوسف هنوز زنده است. او می‌خواهد به مصر برود و او را ملاقات کند. این سفر برای یعقوب که سالخورده است راحت و آسان نیست ولی خداوند به او گفته است که باید برود و هیچ نترسد زیرا او را تنها نمی‌گذارد. یعقوب خوشحال است که خدا او را می‌فهمد و او می‌تواند روی حرفهایش حساب کند. یعقوب هیجان‌زده است. پس از سالها دوری، دیدار مجدّد او هیجان‌انگیز است. او چه شکلی است؟ آیا خیلی تغییر کرده است؟

یوسف نمی‌تواند منتظر رسیدن پدرش باشد، بنابراین به استقبالش می‌رود. لحظه دیدار مجدد آنان رسید، آنها همدیگر را بغل کرده از خوشحالی می‌گریند.

یعقوب چند سالی هم در مصر زندگی می‌کند، سپس بیمار شده و فوت می‌کند. یوسف از بابت مرگ پدرش بسیار ناراحت می‌شود. البتّه خدا را شکر می‌کند که او توانسته است به مدّت هفده سال درکنارش زندگی کند. بعد از مرگ یعقوب، برادران یوسف می‌ترسند و به همدیگر می‌گویند: "حالا یوسف در مقابل کارهایی‌که ما بر علیه‌اش کرده‌ایم، انتقام خواهد گرفت". ولی یوسف به آنها قول می‌دهد که این کار را نخواهد کرد. او می‌گوید: "شما می‌خواستید به من بدی کنید، ولی خداوند عوض بدی به همه ما خوبی می‌کند".

همه چیز به خوبی پیش می‌رود، زیرا یوسف حاضر است برادران خود را ببخشد.

دفعه دیگر وقتی که تو می‌خواهی ببخشی، به یوسف فکر کن که چه او رفتاری کرد.

۱. چه کسی به مصر پیش یوسف می‌رود؟
۲. برادران از چه چیزی می‌ترسیدند؟
۳. یوسف چه قولی را به آنان می‌دهد؟

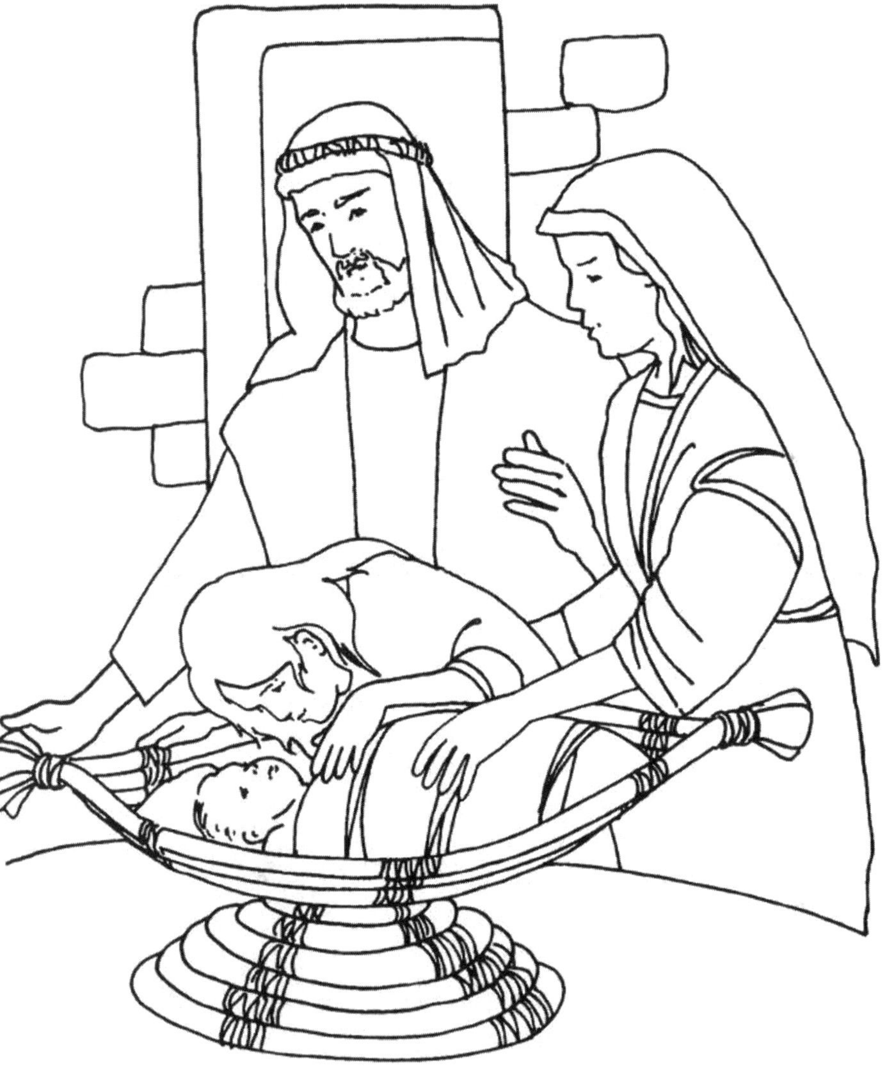

دختر فرعون بچّــه ای را می‌یابد

(خروج ۱ : ۷ ؛ ۲ : ۱۰)

ما یک برادر کوچک داریم، یک برادر کوچک! هارون و خواهرش از خوشحالی دست می‌زنند و پایکوبی می‌کنند. مادرشان می‌گوید: خواهش می‌کنم ساکت باشید وگرنه سربازان پادشاه می‌آیند و بچّــه را از ما می‌گیرند. خواهر بچّــه می‌گوید: او نباید بمیرد مادرش می‌گوید: نه! من او را در خانه مخفی می‌کنم و از خدا خواهش می‌کنم که از او محافظت کند.

هر روزه پادشاه، سربازان خود را به دنبال نوزادان پسر اسرائیلی می‌فرستد که آنها را در رود نیل، واقع در مصر بیندازند. پادشاه این قوم را که در کشورش زندگی می‌کند دوست ندارد. هارون، خواهرش و والدینش چون اسرائیلی می‌باشند، از این بابت نگران هستند.

یک روز، مادر موسی به رودخانه می‌رود و یک دسته پر از نی جمع کرده به خانه می‌آورد و با آن یک سبد درست می‌کند. سپس آن را قیراندود می‌کند که آب داخل سبد نگردد. او محتاطانه موسی را در سبد می‌گذارد و آن را در رود نیل رها می‌کند. و بی‌صدا اینطور دعا می‌کند: ای خدای بزرگ، خواهش می‌کنم از پسرم محافظت فرما!

و خداوند دعایش را می‌شنود. دختر فرعون این سبد را با پسر بچه در ساحل نیل پیدا می‌کند. او آن را به سربازان تحویل نمی‌دهد، بلکه می‌گوید: "من این بچه را مثل بچه خودم نگهداری خواهم کرد. او باید موسی نامیده شود یعنی از آب گرفته شده.

آیا خدای ما فوق‌العاده نیست؟

۱. چرا می‌باید بچه کوچولو را مخفی کرد؟
۲. مادرش چه چیزی را از نی درست می‌کند؟
۳. چه کسی بچّــه را در سبد پیدا می‌کند؟

شاهزاده، که باید فرار کند

(خروج ۲ : ۱۱-۲۲)

دختر فرعون (دختر پادشاه مصر) موسی را مثل پسر خود تعلیم داده و تربیت می‌کند. موسی در کاخ مثل شاهزاده زندگی می‌کند و امور مهّمی را فرا می‌گیرد. او خیلی باهوش است، ولی فراموش نمی‌کند که یک اسرائیلی است. وقتی که موسی بزرگ می‌شود، روزی مرد مصری را می بیند که چگونه یک کارگر اسرائیلی را شلاّق می‌زند. موسی به قدری ناراحت و عصبانی می‌شود که آن مرد مصری را می‌کشد. البتّه او نباید این کار را می‌کرد. حالا او نمی‌تواند در مصر بماند. بنابراین به سرزمین مدیان فرار می‌کند. بعد از روزها، ناراحت و خسته به سرچشمه‌ای می‌رسد. در آنجا به مردانی برمی‌خورد که ظالمانه حق دختران را پایمال می‌کنند. آنان چوپانانی هستند که ملاحظه دختران را نمی‌کنند و آنها را از چشمه آب به کنار رانده، اوّل گله‌های خودشان را سیراب می‌کنند. در آن وقت موسی به آنان حمله می‌کند و آن چوپانان را کنار زده از دختران حمایت می‌کند.

یترون، پدر آن دخترها، به خاطر تشکّر از کاری که موسی کرده بود، به خانه‌اش دعوت می‌کند. حتّی او به موسی پیشنهاد چوپانی می‌دهد، موسی هم پیشنهاد او را قبول می‌کند، او خوشحال است که خداوند او را به اینجا هدایت کرده و او را ترک نکرده است.

او حالا به عنوان چوپان، وقت کافی خواهد داشت که راجع به خدا و محبّت او بیاندیشد.

۱. چرا موسی عصبانی می‌شود؟
۲. چرا باید موسی فرار کند؟
۳. موسی در کنار چشمه آب، به چه کسی کمک می‌کند؟

بوته سوزان

(خروج ۲ : ۲۳ ؛ ۴ : ۲۰)

سالهاست که موسی در سرزمین مدیان زندگی می‌کند. او ازدواج کرده و دارای دو پسر می‌باشد و از گله پدرزنش مواظبت می‌نماید.

روزی، موسی مشغول چرانیدن گله پدرزنش در نزدیکی کوه حوریب بود، ناگهان متوجّه شعله‌های آتش در بوته‌ای می‌گردد. او با خود می‌گوید: "عجیب است! چرا بوته نمی‌سوزد؟" وقتی که نزدیک می‌شود تا علّتش را بفهمد، صدایی را می‌شنود که ندا می‌دهد: "موسی! موسی! نزدیک نشو. کفشهایت را از پای درآور، زیرا مکانی که در آن ایستاده‌ای، زمین مقدّسی است. من خداوند هستم! خدای اجداد تو، ابراهیم، اسحاق و یعقوب". موسی فوراً روی خود را می‌پوشاند زیرا می‌ترسد به خدا نگاه کند. آیا خدای بزرگ با او صحبت کرد؟ و دوباره او صدایی می‌شنود: "قوم من مجبورند در مصر سخت کار کنند و رنج و مصیبت ببینند. تو باید آنها را از آنجا بیرون آورده به سرزمین خودشان کنعان راهنمائی کنی". موسی جواب می‌دهد: "نه! نه! من نمی‌توانم. هیچ‌کس به من گوش نخواهد داد". البتّه خداوند او را دلداری می‌دهد: "من با تو خواهم بود".

ولی موسی التماس می‌کند: "خواهش می‌کنم دیگری را به جای من بفرست. این مسئولیّت برای من خیلی سنگین است!" ولی خداوند همچنان به او می‌گوید: "نترس! من به تو کمک خواهم کرد! برادر تو هارون، با تو خواهد بود. لازم نیست که تو این کار را به تنهایی انجام دهی".

موسی متوّجه می‌شود که اعتماد داشتن و اطاعت کردن از خداوندچقدر نیکوست.

۱. موسی در سرزمین مدیان مشغول به چه کاری است؟
۲. چه کسی از درون شعله‌های آتش سخن می‌گوید؟
۳. موسی چه چیزی را باید به انجام برساند؟

قلب سرسخت فرعون

(خروج ۶ : ۲۸ ؛ ۱۰ : ۲۹)

"خداوند ناله‌های شما را شنیده و بدبختی‌های شما را دیده است. بزودی آزاد خواهید شد و به کشوری که خداوند قولش را به شما داده است خواهید رفت." وقتی که مردم این خبر را از موسی و هارون می‌شنوند بسیار خوشحال می‌شوند". خداوند ما را فراموش نکرده است! خداوند نیکو است!"

سپس دو برادر، نزد فرعون می‌روند و خواسته خداوند را ،که اجازه دهد قوم اسرائیل سرزمینش را ترک کند، به عرض او می‌رسانند. فرعون بسیار خشمگین می‌شود. او نمی‌خواهد چیزی از این خداوند به او گفته شود. فوراً فرمانی صادر می‌کند تا اسرائیلی‌ها سخت‌تر از قبل کار کنند. موسی و هارون مستأصل و ناامید هستند و نمی‌دانند که چکار باید بکنند. آنها بیشتر از این تاب و تحمّل ناله و درد این مردم را ندارند و به درگاه خداوند دعا می‌کنند که او وساطت نماید. خداوند قول می‌دهد که این کار را انجام دهد.

بار دگر موسی و هارون نزد فرعون می‌آیند و از او می‌خواهند تا مردم را آزاد نماید. ولی ناامید کاخ را ترک می‌کنند. طولی نمی‌کشد که خداوند مصری‌ها را به بلاهای سختی دچار می‌کند. ابتدا تمامی آبها به خون تبدیل می‌گردند و سپس همه جا پر از قورباغه می‌شود، میلیونها پشه سراسر مصر را فرامی‌گیرد، ولی فرعون هنوز تسلیم نمی‌شود. حتّی موقعی که حیوانات می‌میرند، مردم دچار انواع دمل می‌شوند، تگرگ از آسمان می‌بارد، ملخ‌ها همه مزارع را نابود می‌کنند، به مدّت سه روز همه جا تاریک می‌شود. فرعون نظرش را تغییر نمی‌دهد و مردم را آزاد نمی‌کند.

۱. موسی و هارون برای آزادی قوم به درگاه چه کسی دعا می‌کنند؟
۲. پادشاه مصر چه دستوری را صادر می‌کند؟
۳. دو تا از بلاهایی را که خداوند بر مصریها نازل می‌کند نام ببرید؟

اوّلین عید پسح

(خروج ۱۱ : ۱ ؛ ۱۲ : ۳۳)

بار دگر موسی پیش پادشاه لجوج می‌آید. هیچ کدام از نُه بلاهایی که خداوند فرستاده بود نظر او را تغییر نداد تا قوم اسرائیل را رها کند. اکنون صبر خداوند به آخر می‌رسد. شب است و مصریها در خواب هستند. تنها اسرائیلیها و فرزندانشان بیدار ماندند. آنها وسایلشان را آماده کرده‌اند، همه چیز حاضر است. همچنین برّه، برای عید پسح سربریده‌اند. پدر هر خانواده یک دسته گیاه برمی‌دارد و آن را با خون برّه آغشته کرده، به چهار چوب درب خانه می‌مالد. خداوند به اسرائیلیها اینگونه دستور داده است و آنها آن را انجام می‌دهند. امّا برای مصریهایی که هیچ خونی بر روی درب‌هایشان پاشیده نباشد، بدترین مجازات در انتظارشان خواهد بود. خداوند در این شب فرشته‌ای در این سرزمین می‌فرستد و به واسطه او پسر ارشد هر خانواده مصری کشته می‌شود، همچنین پسر فرعون.

در همان شب فرعون دستور می‌دهد: "دور شوید! سرزمینم را ترک کنید! بروید و به خدای خودتان خدمت کنید! و هر آنچه نیاز دارید با خود ببرید!" به این صورت جمعیّت زیادی از مردان، زنان و کودکان با ارابه‌ها، گلّه‌ها و رمه‌هایشان راه می‌افتند. خداوند آنان را نجات داده و از بند فرعون آزاد ساخته است. آنها اجازه دارند کشور مصر را ترک کنند و به طرف کشور خود حرکت نمایند.

۱. پدران اسرائیلیها با خون برهٔ چکار می‌کنند؟
۲. چه کسی این دستور را می‌دهد؟
۳. سرانجام، اسرائیلیها چکار می‌توانند بکنند؟

عبور از وسط دریا

(خروج ۱۲ : ۳۴ ؛ ۱۵ : ۲۱)

سرانجام فرعون اجازه خروج مردم اسرائیل را می‌دهد. امّا آنها کجا باید بروند؟ آنها راه کنعان را نمی‌دانند. حتّی موسی هم آن را نمی‌داند. علائمی هم در بیابان وجود ندارد. خدا خودش هدایت تمام بچّه‌ها، مردان، زنان، سالمندان و همچنین گلّه‌های بزرگ گوسفندان، بزها و گاوها را به عهده می‌گیرد. او آنها را تنها نمی‌گذارد.

برای اینکه آنها بدانند از کدام سمت باید حرکت کنند، خداوند ستونی از ابر می‌فرستد تا پیشاپیش آنها حرکت کند. وقتی که ابر از حرکت می‌ایستد، آنها می‌توانند چادرها را برپا کنند و استراحت نمایند. موقع شب، وقتی که هوا تاریک است، ابر مانند آتش نور می‌دهد. بنابراین آنها شب و روز راهنمائی می‌شوند. تمام اسرائیلیها، حتّی کودکان می‌بینند و می‌فهمند که: خداوند با ما است! او ما را هدایت و از ما محافظت می‌کند.

بعد از چند روزی به دریای سرخ می‌رسند. ناگهان سربازان مصری را می‌بینند که مثل طوفان به آنها نزدیک می‌شوند. موسی فریاد می‌زند: "نترسید! خداوند به ما کمک خواهد کرد!" او دستش را به طرف آب دراز می‌کند. باد شدیدی می‌وزد. دریا به دو قسمت می‌شود و یک راه خشکی پدید می‌آید. به این صورت اسرائیلیها از این راه می‌گذرند و بدون اینکه صدمه‌ای ببینند خود را به آن طرف ساحل می‌رسانند. امّا وقتی دریا به حالت اوّلش برمی‌گردد، سربازان مصری در دریا غرق می‌شوند. اسرائیلیها چقدر از خداوند متشکّر هستند: "بله او ما را تنها نمی‌گذارد، او کار بزرگی انجام داده است!".

۱. چگونه مردم اسرائیل، راه کنعان را پیدا می‌کنند؟
۲. هنگام شب ستون ابر چگونه بنظر می‌رسد؟
۳. چگونه اسرائیلیها از دریای سرخ عبور می‌کنند؟

دشمنان حمله می‌کنند

(خروج ۱۷ : ۸-۱۶)

عبور از بیابانها و کوهها در گرما، قوم اسرائیل را خسته ، تشنه و گرسنه کرده است. خیلی‌ها ناراضی هستند. آنها مسیری را که به سرزمین موعود می‌رسد، راحت در نظر گرفته بودند. همچنین می‌ترسند که مورد حمله دشمنان قرار بگیرند. در موقع استراحت قوم اسرائیل، عمالیقیها به آنان حمله‌ور می‌شوند. آنها می‌خواهند وسائل و دارائی اسرائیلیها را برای خود به غنیمت ببرند. موسی فوراً یوشع را صدا می‌زند: "بهترین مردانی که برای جنگ با عمالیقیها احتیاج داری را جداکن. من به بالاترین تپّه می‌روم و عصای خود را بالا نگه می‌دارم. تا موقعی که آن بالا است خدا شما را پیروز می‌گرداند".

یوشع و مردانش آماده هستند که از خودشان محافظت نمایند. موسی هم به تنهایی به کوه نمی‌رود، او هارون و حور را با خود می‌برد. وقتی که به بالای تپّـه می‌رسند، موسی عصای خود را به طرف بالا می‌گیرد. حقیقتاً اسرائیلیها میتوانند دشمن را به عقب برانند. کم‌کم دستهای موسی خسته می‌شود. این نیز درست است، حالا دشمن نزدیک است که پیروز شود. هارون و حور تخته سنگی نزد موسی می‌آورند تا او بتواند روی آن بنشیند و آنها دستهای موسی را با عصا به طرف بالا نگه می‌دارند. بالاخره جنگ تمام می‌شود. اسرائیلیها بر دشمن پیروز می‌شوند. موسی و مردم باوفایش می‌دانند که نه دستهای بالابرده موسی و نه عصای او آنها را نجات داد، بلکه تنها خداوند به آنها پیروزی بخشید.

۱. در بیابان چه اتّفاقی برای اسرائیلیها رخ می‌دهد؟
۲. موسی چکار می‌کند؟
۳. چه کسی به آنها پیروزی بخشید؟

احکام خداوند به همه برکات می‌رساند

(خروج ۲۰ : ۱-۱۷)

مدّتی است قوم اسرائیل در بیابان به سمت کنعان سرگردان است. بارها خداوند آنها را درشرایط نامساعد محافظت کرده و به آنها آب و غذا داده است. البتّـه همه چیز با مصر تفاوت زیادی دارد. در آنجا، آنها مجبور بودند از ناظرین برده‌ها و قوانین آن سرزمین اطاعت کنند. اکنون کدامیک از این قوانین معتبر هستند. چه چیزی درست و چه چیزی اشتباه است؟

برای اینکه قوم اسرائیل دقیقاً بداند که چگونه باید صحیح رفتار کند، خداوند، راهنمای آنها، موسی را به کوه سینا می‌خواند. در آنجا ده فرمان را به او می‌دهد: خدا باید در اولویّت همه‌چیز قرار گیرد. هیچ‌کس و هیچ‌چیز، مهمّتر از خالق و نجات دهنده نیست. نام او مقدّس است. یکشنبه متعلّق به خدا می‌باشد. خدا می‌خواهد که ما به پدر و مادر خود احترام بگذاریم و از آنها اطاعت کنیم. هیچ‌کس نباید دیگری را بکشد. خدا می‌خواهد که زن و شوهر، پدر و مادر به هم وفادار بمانند. او نمی‌خواهد که ما دزدی کنیم. ما نباید درباره دیگران دروغ بگوئیم. ما نباید حسود باشیم.

خداوند به موسی می‌گوید، اگر قوم اسرائیل از فرامین من سرپیچی کنند، برایشان بد خواهد شد. امّا با اطاعت کردن از آنها، همه برکت خواهند یافت.

۱. خداوند به موسی چند فرمان می‌دهد؟
۲. ما باید با فرامین چکار کنیم؟
۳. دو تا از فرامین خدا را نام ببر؟

بت شکسته و نابود می‌شود

(خروج ۳۲ : ۱-۳۲)

اسرائیلیها بی‌صبرانه منتظر موسی می‌باشند که از کوه سینا برگردد و فرمان خدا را با خود بیاورد. "موسی این همه وقت کجا مانده است؟" آنها از خودشان سؤال می‌کنند. "چه کسی می‌داند؟ شاید که او دیگر هرگز برنگردد. بیمار گشته، شاید هم در آن بالا مرده است". یکی اینطور فکر می‌کند و دیگری طور دیگر. هیچ‌کس نمی‌خواهد بیشتر از این منتظر بماند". هارون، چه کسی ما را به سرزمین کنعان هدایت خواهد کرد؟ برادرت دیگر برنمی‌گردد. برای ما خدایی درست کن که بتوانیم آن را ببینیم و لمس کنیم. ما می‌خواهیم برای ما یک مجسّمه درست کنی، مثل قومهای دیگر".

هارون به جای اینکه دعا کند و از خداوند بخواهد تا او را راهنمائی کند، تصمیم می‌گیرد: "حلقه‌ها و گردنبندهایتان را پیش من بیاورید. می‌خواهیم از آنها یک گوساله طلایی بسازیم!" بعد از اینکه کار انجام شد، هارون مجسّمه را برپا می‌کند. "بله" آنها فریاد می‌زنند: "این باید خدای ما باشد. این خدا ما را از مصر بیرون می‌آورد!" سپس آنها بجای خداوند به مجسّمه طلایی دعا می‌کنند. خداوند از این بابت بسیار ناراحت است. بدون معطّلی موسی را از کوه به پایین می‌فرستد. موسی، از قومش خشمگین و مأیوس گشته ، لوحه ده فرمان را به صخره کوبیده و خرد می‌کند. سپس مجسّمه طلایی را از جا کنده و آن را داخل آتش می‌اندازد. مردم بدون حرکت ایستاده‌اند. آنها پی می‌برند که چه کاری در برابر خداوند انجام داده‌اند. یک بار دیگر موسی به کوه می‌رود. او به خداوند التمّاس می‌کند که مردمش راببخشد. خدا رحیم است. آنها را می‌بخشد.

۱. اسرائیلیها منتظر چه کسی هستند؟
۲. آنها از هارون چه چیزی را می‌طلبند؟
۳. موسی با گوساله طلایی چکار می‌کند؟

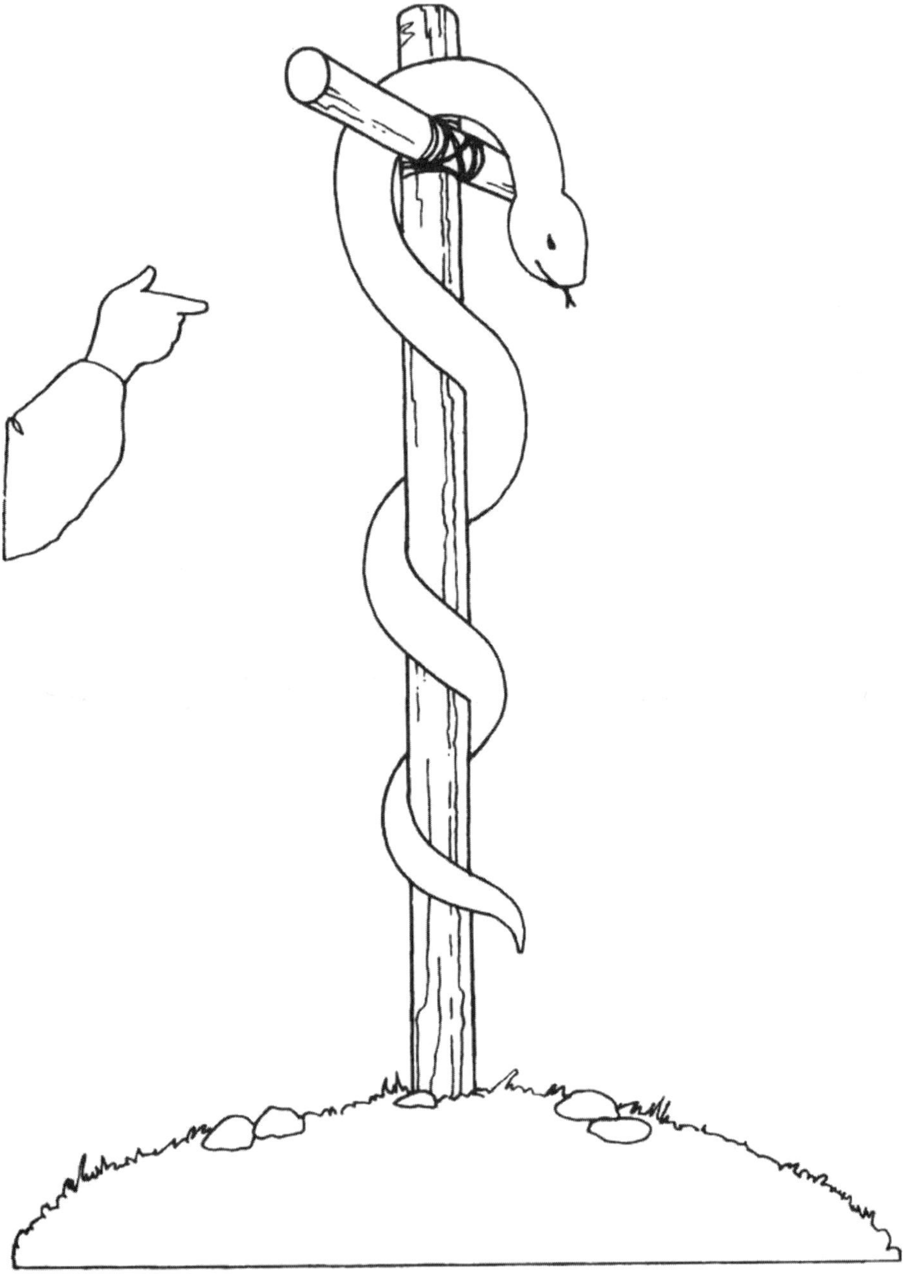

نجات بعد از مار گزیدگی

(اعداد ۲۱ : ۴-۹)

"بالاخره ما کی به کنعان می‌رسیم؟ ما دیگر توان راه‌رفتن را نداریم. موسی، تقصیر توست که همه چیز اینقدر بد است. ما دوباره چیزی برای نوشیدن نداریم و خوراکی هم همیشه یکنواخت است. آخ، ما می‌بایستی در مصر میماندیم. آنجا ما به اندازه کافی گوشت برای خوردن داشتیم." اسرائیلی‌ها روز به روز ناراضی‌تر می‌شوند آنها شاکی هستند و حتّی خدا را مقصر می‌دانند.

خداوند برای تنبیه آنان، مارهای سمّی به اردوگاه آنها می‌فرستد. خیلی از اسرائیلی‌ها مار گزیده شده و می‌میرند. دیگران به اشتباه خود پی‌می‌برند و به سوی موسی می‌دوند: "متأسفیم. ما گناه کردیم. ما در قبال تو و خداوند نافرمانی کردیم. ما ناسپاسی کردیم. موسی، خواهش می‌کنیم به خداوند دعا کن و از او بخواه که ما را از مارها آزاد کند".

موسی برای قوم دعا می‌کند. و خداوند صدای او را می‌شنود. و به او می‌گوید که چگونه مردم می‌توانند نجات یابند: "یک مار مفرغی بساز و آن را بر سر یک تیر آویزان کن. هر که مار گزیده باشد، اگر به آن نگاه کند نخواهد مرد!".

موسی هر چه خدا می‌گوید، به انجام می‌رساند. او مار مفرغی را طوری که همه بتوانند آن را ببینند بر سر تیری آویزان می‌کند. خیلی‌ها با عجله آمده به آن نگاه می‌کنند و زنده می‌مانند. آنها می‌دانند که تنها ایمانشان به قول خداوند، آنها را نجات داده است.

۱. چرا خداوند مارها را در میان قوم می‌فرستد؟
۲. چه کاری را باید موسی به انجام برساند؟
۳. اسرائیلی‌ها چکار باید بکنند که نمیرند؟

راحاب و جاسوسان

(یوشع ۲)

" آهای راحاب، در را بازکن! بالاخره...! آن دو را کجا مخفی کردی؟ آنها را بیرون بیار، آنها جاسوسان اسرائیلی می‌باشند! ما باید آنها را بازداشت کنیم!"

" بله، آن دو مرد پیش من بودند ولی وقتی که هوا تاریک شد آنها رفتند. به سرعت به دنبالشان بروید و آنها را برگردانید." آنها بدون معطّلی شهر را برای تعقیب آن دو نفر ترک می‌کنند.

نزدیک بود گیر بیافتند! آنها ضمن تشکر از راحاب، سؤال می‌کنند: "چرا ما را لو ندادی؟" راحاب جواب می‌دهد: "من می‌دانم که خدای شما زنده است و او این شهر را به شما خواهد داد. همه شهروندان از قوم شما هراس دارند. ما از کارهای بزرگ خداوند آگاه هستیم که او چطور شما را از دست مصریها نجات داد. حالا شما باید به من قول دهید، وقتی که شهر اریحا را تصرّف می‌کنید مرا با بستگانم حفظ نمایید.

جاسوسان، با کمال میل قول انجام این کار را به او می‌دهند و قرار می‌گذارند که راحاب یک طناب قرمز به پنجره ببندد، تا زمان به تصرّف در آمدن اریحا هیچ آسیبی بر این خانه وارد نگردد.

راحاب از این بابت خوشحال است. او آنان را بدون آنکه کسی متوجّه شود با کمک طنابی که از پنجره به دیوار شهر متصل بود فراری می‌دهد. بخاطر اینکه او به این مردان اعتماد دارد، ترتیب فرار آنها را می‌دهد.

۱. راحاب چند نفر از مردان را در خانه‌اش مخفی می‌کند؟
۲. چرا او آن مردان را مخفی می‌کند؟
۳. راحاب چه چیزی را باید از پنجره آویزان کند تا بعد از تصرّف اریحا در امان بماند؟

خانواده راحاب نجات می‌یابند

(یوشع ۶)

مردم اسرائیل با یک معمّا روبرو هستند: چگونه می‌توانند شهر اریحا را که دورش دیوار ضخیم کشیده شده، تصرّف کنند؟ ولی خداوند جواب این معمّا را دارد و آن را در اختیار یوشع، رهبر قوم اسرائیل قرار می‌دهد: "بدون صحبت کردن، روزی یک بار به مدّت هفت روز به دور شهر بچرخید!" این عمل را انجام می‌دهند. دم غروب همگی برای استراحت به اردوگاه برمی‌گردند، چون فردای آن روز مجدداً می‌باید همان پیاده‌روی را انجام دهند.

ساکنین اریحا ترسیده و درمانده‌اند. آنها از خود می‌پرسند که اسرائیلی‌ها چه هدفی از چرخیدن دور شهر دارند: "نقشه آنان چیست؟ آیا آنها می‌خواهند ما را بترسانند؟ از این طریق آنها هیچوقت نمی‌توانند شهر را تصرّف کنند!".

ساکنین اریحا به مدّت شش روز آنان را تماشا می‌کنند. امّا خداوند به یکباره در روز هفتم یک دستور جدید می‌دهد. آنها طبق دستور، صبح زود بیدار شده و این بار بجای یکبار، هفت بار به دور شهر می‌چرخند. در بار هفتم یوشع علامتی می‌دهد. کاهنان باشدّت در شیپورها می‌دمند و مردم با صدای بلند فریاد برمی‌آورند. دیوارها شروع به لرزیدن کرده فرو می‌ریزند. راه به داخل شهر بازمی‌شود. طولی نمی‌کشد که اسرائیلی‌ها پیروز شده و هر چه در شهر هست نابود می‌کنند. تنها راحاب و بستگانش محفوظ می‌مانند. همانگونه که خداوند قول داده بود.

کاملاً درست است: ما می‌توانیم خود را به خداوند بسپاریم.

۱. چه چیزی شهر اریحا را احاطه می‌کند؟
۲. قوم باید در روز هفتم چکار کند؟
۳. چه کسانی از شهر اریحا زنده می‌مانند؟

خداوند شهامت می‌دهد

(داوران ۶)

برای مردم اسرائیل دوره سختی است. کشور دائماً توسط دشمنان مورد حمله قرارگرفته و غارت می‌شود. بندرت چیزی برای خوردن یافت می‌شود. خداوند می‌خواهد این وضع را تغییر دهد. او به جدعون مأموریت می‌دهد تا قومش را از دست دشمنان آزاد سازد. در اصل، جدعون از این مأموریت سخت هراس دارد. ولی خدا قول کمک به او داده است.

شب است. جدعون مصمّم است اوّلین مأموریت خداوند را انجام دهد: او به کمک خادمانش، مخفیانه مذبح خدایان را خراب می‌کند و بتهای مکروه را که افراد قوم آنها را می‌پرستند، ویران می‌سازد. آنها خدای زنده را فراموش کرده‌اند.

صبح روز بعد، خرابیها نمایان می‌گردد. آنها می‌خواستند جدعون را بکشند. ولی خداوند او را حفظ می‌کند. اکنون جدعون باید خود را برای جنگ با مدینیان درّنده آماده سازد. او با نگرانی از خود می‌پرسد: "آیا خداوند به من کمک خواهد کرد تا چنین دشمن قوی را شکست دهم؟" او دعا می‌کند: "ای خداوند به من بگو، یک علامتی به من بده!".

جدعون پوست گوسفندی را برمی‌دارد و دعا می‌کند: "خداوندا اگر این پوست در شب از شبنم خیس شود، ولی زمین خشک باشد، آنگاه تو را باور می‌کنم". جدعون صبح روز بعد متحیّر می‌شود. پوست گوسفند خیس، ولی زمین خشک است. ولی آیا این نمی‌تواند فقط یک اتّفاق باشد؟ "خداوندا بگذار امشب دقیقاً برعکس عمل شود. آنگاه تو را باور خواهم کرد." و حقیقتاً پشم خشک و زمین کاملاً خیس است. "ای خداوند، حالا باورمی‌کنم که تو ما را کمک می‌کنی" خداوند شکّ جدعون را برطرف می‌سازد و به او برای انجام وظیفه‌اش جرأت می‌بخشد.

۱. چه کسی باید قوم را از دست دشمنان آزاد سازد؟
۲. در شب، جدعون و افرادش چه چیزی را خراب می‌کنند؟
۳. جدعون چه چیزی را روی زمین نهاد تا خداوند اراده خود را به او نشان دهد؟

به خداوند اعتماد کردن، بهترین راه است

(داوران ۷)

"جدعون، چرا می‌خواهی فقط با سیصد نفر سرباز به جنگ بروی؟ سیصد نفر خیلی کم است. دشمن بسیار قدرتمند است. تو در جنگ شکست خواهی خورد. و چه تجهیزات مضحکی افراد تو دارند: مشعل، کوزه و شیپور". جدعون می‌داند: تجهیزات و تعداد نفرات را خدا تعیین کرده است. فقط به کمک او می‌تواند بر دشمنان پیروز گردد. خدا می‌خواهد نشان دهد که او بزرگترین و قویترین است و می‌ارزد تا با تمام وجود به او اعتماد کرد.

در شب، جدعون مخفیانه به اردوگاه دشمن راه پیدا می‌کند. خدا به او گفته بود: "گوش بده که سربازان آنجا چه می‌گویند! تو دوباره شجاعت پیدا خواهی کرد". حقیقتاً، جدعون می‌شنود که چطور یک سرباز خوابش را به سربازی دیگر تعریف می‌کند: "جدعون خیلی شجاع‌تر از ماست. او بر ما پیروز خواهد شد چون خدا پشتیبان اوست!" وقتی که جدعون این را می‌شنود، به زانو در می‌آید و خدا را شکر می‌کند. او با احتیاط برمی‌گردد و افرادش را به سوی خود صدا می‌زند. اطّلاعات مهّم و علامت حرکت را به آنان می‌دهد. آنها بدون آنکه متوجّه شوند به اردوگاه دشمن می‌رسند. اکنون جدعون علامت شروع جنگ را می‌دهد: افرادش شیپور را می‌نوازند، کوزه‌ها را می‌شکنند و مشعلها را به احتزاز درمی‌آورند. توسط صدای ناگهانی و سوسو زدن شبح مانند مشعلها، دشمنان را گیج کرده آنها را فراری می‌دهند.

خداوند، پیروزی بر دشمن را به جدعون و افرادش بخشید. آن کاملاً کار خدا بود. هر چه او می‌گوید حقیقت دارد. شما می‌توانید به او اعتماد کنید.

۱. جدعون با چند تن سرباز باید به جنگ برود؟
۲. افراد چه چیزی را با خود حمل می‌کنند؟
۳. چه کسی جدعون و افراد را پیروز گردانید؟

همه چیز دوباره نیکو می‌شود

(روت ۱-۴)

در اسرائیل خشکسالی است. چیزی برای خریدن وجود ندارد. نعومی بندرت می‌تواند چیزی بپزد. هر دو پسرانش ناله می‌کنند: "مادر، ما گرسنه‌ایم! می‌توانیم کمی میوه بخوریم؟" نعومی دیگر نمی‌تواند این وضع را بیشتر از این تحمّل کند. بنابراین، او و همسرش تصمیم می‌گیرند به کشور همسایه، موآب بروند. جایی که هنوز به اندازه کافی خوراکی موجود می‌باشد.

آن دو پسر، مردان بزرگی می‌شوند. آنها با روت و عرفه از موآب ازدواج می‌کنند. البتّـه اتّفاق بدی می‌افتد. پدر و هردو پسر بیمار می‌شوند و می‌میرند. اعتماد نکردن به خداوند، که او ازآنها در خانه‌شان مراقبت خواهد کرد، کار اشتباهی بود. بنابراین نعومی تصمیم می‌گیرد به کشورش اسرائیل برگردد. روت در تمام مسیر او را همراهی می‌کند. ولی چگونه می‌توانند به زندگی ادامه دهند. مادرشوهرش این را می‌داند. به روت توصیه می‌کند به مزرعه فامیل ثروتمندش، بوآس برود. او اجازه می‌یابد تا خوشه‌های گندمی که بعد از درو کردن باقی می‌ماند جمع‌آوری کند. بوآس عاشق روت می‌شود و با او ازدواج می‌کند. بعدها آنها صاحب پسری می‌شوند. نه تنها والدین، بلکه نعومی هم از این بابت خوشحال است. گناه او بخشیده می‌شود و خداوند مجدداً به او نعمتهای فراوانی می‌بخشد.

۱. چرا نعومی و فامیلش کشور را ترک می‌کنند؟
۲. چه چیز بدی در موآب رخ می‌دهد؟
۳. چه کسی با نعومی همراه می‌شود و چطور همه چیز خوب می‌شود؟

خوانده شده از طرف خداوند

(اوّل سموئیل ۱-۳)

شب است. سموئیل در رختخوابش دراز کشیده، می‌اندیشد. او چندین سال است که خادم خانه خداوند می‌باشد. والدینش او را به اینجا آوردند که او تمام عمرش، در اختیار خداوند باشد. تا نذری که مادرش قبل از بچّه‌دار شدن به خداوند کرده بود را بجا آورد. او قبلاً یک پسر از خداوند می‌خواست و این پسر می‌بایست برای همیشه خداوند را خدمت کند. خداوند دعای او را شنید و بعد از مدّت کمی، سموئیل به دنیا آمد.

ناگهان افکار سموئیل بهم می‌ریزد. یک نفر صدایش می‌کند. آیا عیلی است؟ سموئیل بلند می‌شود و به سوی او می‌رود. عیلی او را به رختخوابش برمی‌گرداند. او آن پسر را صدا نکرده بود. دو بار دیگر همین اتّفاق تکرار می‌شود. سرانجام عیلی می‌فهمد که آن صدا باید صدای خداوند باشد. او سموئیل را برای دفعه بعد نصیحت می‌کند که بگوید: "صحبت کن ای خداوند، خادمت گوش می‌دهد".

به محض اینکه سموئیل در رختخوابش دراز می‌کشد، نامش را می‌شنود: "سموئیل! سموئیل!" او همانطور که عیلی گفته بود جواب می‌دهد. خداوند به او می‌گوید که عیلی و پسرانش باید تنبیه شوند. پسران عیلی کارهای بسیار شرورانه و بدی را انجام می‌دهند و او به عنوان کاهن، جلوی آنان را نمی‌گیرد.

صبح روز بعد، سموئیل همه آنچه را که خداوند به او گفته بود، با ترس و وحشت برای عیلی تعریف می‌کند. عیلی خیلی غمگین است و او این را هم می‌داند که خداوند حق است و گناهکار باید تنبیه شود.

۱. چرا سموئیل خادم خانه خداوند می‌باشد؟
۲. اسم کاهن خانه خداوند چیست؟
۳. خداوند در شب به سموئیل چه می‌گوید؟

یک چوپان جوان پادشاه می‌شود

(اوّل سموئیل ۱۶ : ۱-۱۳)

داود، مثل هر روز،گله گوسفندان پدرش را در صحرای بیت لحم می‌چراند. ناگهان یکی از نوکران پدرش دوان دوان به سویش می‌آید و نفس زنان صدا می‌زند: "داود، تو باید هر چه زودتر به خانه بیایی! سموئیل نبی اینجاست و می‌خواهد تو را ببیند. او به خانه‌تان آمده و از پدرت درخواست کرده که او را به تمام پسرانش معرفی کند. ولی هر بار که یکی از برادرانت جلوی او ایستاد، او گفت: "این آن کسی نیست که خداوند انتخاب کرده است". بعد از اینکه تمام برادرانت را ملاقات کرد، سراغ پسر بعدی را گرفت. به این دلیل مرا فرستادند که تو را بیاورم.

داود تا این را می‌شنود، شتابان به منزل می‌دود. ولی سموئیل از او چه می‌خواهد؟ او که کوچکترین فرد خانواده است.

وقتی که داود وارد می‌شود، سموئیل فوراً مطمئن می‌شود که این همان است که خداوند می‌خواهد. پیغمبر نزدیک می‌شود و روغن بر سر داود که در میان برادرانش ایستاده است می‌ریزد و او را به عنوان پادشاه، تدهین می‌کند.

برای خداوند مهّم این نیست که کسی قدبلند، قوی و خوش قیافه باشد.

او قلب تک تک ما را می‌بیند و کاملاً ما را می‌شناسد. هرکس که صادقانه خدا را دوست داشته باشد و وظایف روزانه‌اش را با وفاداری به انجام برساند، خدا هم روزی از او برای انجام کارهای بزرگتری استفاده خواهد کرد.

۱. سموئیل چه کسی را به عنوان پادشاه تدهین می‌کند؟
۲. چه چیزهایی در مورد انسان نزد خداوند بی‌اهمیّت است؟
۳. ما چه تکالیف کوچکی را می‌توانیم با وفاداری انجام دهیم؟

داود و جلیات غول‌پیکر

(اوّل سموئیل ۱۷)

داود هیجان‌زده در حال دویدن است. او یک راه درازی را در پیش دارد. پدرش او را به دنبال سه برادرش می‌فرستد تا بداند حال آنها چطور است. آنان سربازان اسرائیلی هستند که در مقابل فلسطینی‌ها می‌جنگند. بالاخره او به آنجا می‌رسد. البتّه هیچ‌کس نمی‌جنگد. همه آنها می‌ترسند.

داود در آنجا یک مرد خیلی بزرگی را با زره‌پوش سنگین و شمشیری بزرگ در دست می‌بیند. او قوی‌ترین سرباز فلسطینی است. او هر روز خداوند و تمام سربازان اسرائیلی را مسخره می‌کند و کسی جرأت جنگیدن با وی را ندارد.

ناگهان داود می‌شنود که چطور آن غول فریاد می‌کشد: "هرکس با من، جلیات، بجنگد و مرا بکشد، مردم من، فلسطینیها، خادمین او خواهند شد. ولی می‌بینم که همه شما ترسو هستید".

سپس داود فلاخن خود را با پنج سنگ صاف برمی‌دارد و شجاعانه به طرف جلیات می‌رود. او تا داود را می‌بیند که می‌آید، می‌خندد. البتّه داود می‌داند: "خدا با من است!" او بدون وقفه فلاخن خود را برمی‌دارد و سنگ پرتاب می‌کند، باور کردنی نیست، آن سنگ به پیشانی جلیات برخورد می‌کند. او به زمین می‌افتد و می‌میرد.

سربازان اسرائیلی شادی می‌کنند و داود خوشحال است که او به خدای قادر و بزرگ اعتماد کرده است. تنها او کمکش کرد که بر جلیات پیروز شود.

خدا تغییر نکرده است. او امروز هم به همه آنانی که او را دوست دارند و به او اعتماد می‌کنند، کمک می‌کند.

۱. چرا داود می‌خواهد بر علیه جلیات بجنگد؟
۲. چطور داود به آن غول، مستولی می‌گردد؟
۳. چه کسی به داود کمک می‌کند تا بر جلیات پیروز شود؟

محاصره در صحرای عین جدی

(اوّل سموئیل ۲۴)

داود در حال فرار است، او خیلی ترسیده است و مدام در حال یافتن مخفی‌گاه جدید است. داود می‌خواهد جانش را نجات دهد. شائول، پادشاه حسود، به دنبال اوست و می‌خواهد او را بکشد. شائول می‌داند که خداوند دیگر از او راضی نیست. خدا می‌خواهد داود را جانشین او گرداند. پادشاه از داود نفرت دارد و به هیچ‌وجه نمی‌خواهد تاج و تختش را به او واگذار کند. او و بسیاری از سربازانش، داود را از راه دور تعقیب می‌کنند. داود می‌داند: "اگر او مرا پیدا کند، من خواهم مرد".

شائول و افرادش شدیداً در جستجوی او هستند. بزودی داود را احاطه می‌کنند. او و افرادش با عجلّه به غار عین‌جدی فرار می‌کنند. در انتهای آن غار خم می‌شوند. ناگهان جلوی ورودی غار، شخصی را که ایستاده است می‌بینند. او شائول پادشاه است. راحت‌تر از این نمی‌شد که او را در این لحظه مساعد کشت و راحت شد. ولی داود می‌خواهد چکار کند؟ آیا او انتقام می‌گیرد؟ نه! او به خداوندش اعتماد می‌کند. او نمی‌خواهد مردی را که خدا خودش او را به عنوان پادشاه منصوب کرده است را بکشد. داود با احتیاط کامل به شائول نزدیک می‌شود و تکّه‌ای از ردای او را می‌برد. او می‌خواهد به شائول نشان دهد که او آگاهانه نمی‌خواهد بدی را با بدی تلافی کند.

بنابراین وقتی دیگران ما را اذیّت و مسخره می‌کنند، این درست نیست که ما هم همان کارهای بد را در قبال آنها انجام دهیم. داود به ما نشان داد که راه بهتری از انتقام وجود دارد.

۱. چرا شائول پادشاه، نمی‌تواند داود را تحمّل کند؟
۲. داود و افرادش، کجا مخفی شده‌اند؟
۳. چرا داود شائول را نمی‌کشد؟

هدیه بزرگ

(دوّم سموئیل ۹)

یک مرد جوان عصای خود را کنار گذاشته و در جلوی داود پادشاه به زانو در می‌آید. آن مرد، مفیبوشت پسر یوناتان است. او از پنج سالگی نمی‌تواند جست و خیز کند، بدود و حتّی راه برود. در هنگام جنگ این فاجعه رخ می‌دهد. زنی که از او نگهداری می‌کرد، می بایست با او فرار کند. هنگام فرار، مفیبوشت به زمین می‌خورد و هر دو پای او سخت صدمه می‌بینند و از آن موقع به بعد مفلوج می‌گردد.

اکنون مفیبوشت مرد جوانی است. داود پادشاه از او خواسته است که به کاخ بیاید. با او چه کاری دارد؟ داود جلوی او تعظیم می‌کند و می‌گوید: "لازم نیست که بترسی، من فقط می‌خواهم به تو خوبی کنم. این را من به پدرت قول داده‌ام. تو اجازه داری پیش من در کاخ زندگی کنی. لباس نو دریافت می‌کنی و من همیشه از تو نگهداری و مواظبت خواهم کرد!".

این یک هدیه بزرگی است. مفیبوشت می‌داند که این حق او نیست ولی او با کمال تشکر می‌پذیرد.

آیا خدا به ما نیز چیزهای خوبی هدیه نداده است؟ درباره آن فکر کن. آنها کدامند؟

۱. مفیبوشت چند ساله بود که آن اتّفاق برایش افتاد؟
۲. داود پادشاه به چه کسی قول چیزی را می‌دهد؟
۳. پادشاه چه هدیه بزرگی به مفیبوشت می‌دهد؟

پادشاهی دریافت که خدا قدرتمندتر است

(اوّل پادشاهان ۱۷)

اخاب پادشاه و زنش فرمانروایان خوبی نیستند، قلب شروری دارند. دلیل آن این است: هردوی آنها خدای زنده را دوست ندارند و بدترین چیز این است که مردم اسرائیل هم از آنها پیروی می‌کنند.

روزی ایلیّا نزد پادشاه می‌آید. خداوند دیگر نمی‌تواند رفتار ظالمانه او را تحمّل کند. ایلیّا از طرف خداوند پیغام مهمّی را برای پادشاه می‌آورد: "خداوند اسرائیل می‌فرماید: از هم‌اکنون تا زمانی که من بگویم شبنم، و هیچ بارانی بر زمین نخواهد بارید!".

همینطور هم می‌شود. یک قطره باران هم دیگر نمی‌بارد. تمام سرزمین خشک است. مردم و حیوانات از گرسنگی و تشنگی در عذاب هستند.

و ایلیّا؟ خداوند از او مراقبت می‌کند و او را به نهر کریت می‌فرستد. آنجا هنوز آب آشامیدنی موجود است. به دستور خداوند کلاغها با منقارشان نان و گوشت هم برای او می‌آورند.

البتّه نهر کریت هم به تدریج خشک می‌شود و مجدداً خداوند از پیغمبر مراقبت می‌کند. او ایلیّا را به سرزمین دیگری می‌فرستد. آنجا یک زنی است که حاضر است آخرین آب و نان خود را به ایلیّا بدهد.

برای اینکه آن زن باقیمانده تمام خوراکی خود را به پیغمبر خداوند می‌دهد برایش چیز عجیبی اتّفاق می‌افتد. او هر روز روغن و آرد، برای پختن نان دارد. خداوند نه تنها از پیغمبر، بلکه از زن فقیر هم مواظبت می‌کند. حالا او برای هر روز خوراکی کافی دارد.

خداوند بزرگ است.

۱. ایلیّا چه خبری را باید برای پادشاه ببرد؟
۲. برای ایلیّا چطور خوراکی تهیّه می‌شود؟
۳. چه چیز حیرت انگیزی برای آن زن فقیر اتّفاق می‌افتد؟

ایلیّا بر کوه کرمل

(اوّل پادشاهان ۱۸ : ۲۱-۴۶)

از دور صدای قاصدان پادشاه اخاب به گوش می‌رسدکه فریاد می‌زنند: "همه مردم اسرائیل باید بر کوه کرمل جمع شوند! این دستور پادشاه است!" بزودی تعداد بسیاری از مردم در کوه جمع می‌شوند. همچنین پادشاه و کاهنان بت بعل. ایلیّای نبی فریاد می‌زند: "امروز می‌توانید تصمیم بگیرید که به کدام خدا می‌خواهید اعتماد داشته و خدمت کنید: به خدای زنده یا بت بعل، که شما او را خدا می‌نامید. دو قربانگاه بسازید. یکی برای بت بعل و دیگری برای خدای زنده. بر روی هردوی آنها هیزم بگذارید و روی آن هیزم، گوشت قربانی. آن خدایی که آتش از آسمان بر روی قربانگاه بفرستد، او خدای واقعی می‌باشد. او را ما پرستش خواهیم کرد!" ایلیّا می‌بیند که قوم، چطور سرشان را به عنوان رضایت تکان می‌دهند.

کاهنان بت بعل می‌رقصند و داد می‌زنند و از صبح تا ظهر ، خدایشان را صدا می‌کنند. البتّـه هیچ اتّفاقی صورت نمی‌گیرد. واضح است: خدای آنان خدای مرده است!

اکنون نوبت ایلیّا است. او حتّی می‌گذارد که دوازده سطل آب، روی قربانگاه خود بریزند، آنوقت به خدایش دعا می‌کند. ناگهان شعله آتش از آسمان می‌افتد و قربانگاه شروع به سوختن می‌کند.

تمامی قوم فریاد می‌زنند: "خداوند نیکوست! خداوند، خدای زنده است! ما می‌خواهیم از این به بعد او را بپرستیم!" همچنین یک معجزه دیگر رخ می‌دهد. بعد از سالها خشکسالی، خداوند می‌گذارد که دوباره باران برای قوم اسرائیل ببارد.

ما هم می‌توانیم هرروزه به این خداوند زنده و واقعی اعتماد کنیم.

۱. اسم خدای مرده که اخاب پادشاه و قومش آن را باور داشتند چیست؟
۲. چطور قوم متوجّـه می‌شود که خدای زنده وجود دارد؟
۳. این قوم به چه خدایی در آینده می‌خواهد اعتقاد داشته باشد؟

معجزه کوزه

(دوّم پادشاهان ۴ : ۱-۷)

مادر با خوشحالی دو پسرش را در بغل می‌گیرد و به وضعیت اسف‌باری که در گذشته داشت می‌اندیشد. زمانی که شوهرش مرد، ترس و نگرانی او را عذاب می‌داد. قرض‌هایش را نمی‌توانست بپردازد. آنها او را تهدید کرده، گفتند: "اگر تو این پول را برنگردانی، پسرانت از تو گرفته خواهند شد و به عنوان برده باید کار کنند!". او با ناامیدی پیش الیشع نبی می‌رود، شاید که او بتواند کمکش کند.

الیشع از او فقط پرسید: "دیگر چه چیزی در خانه داری؟" او تنها یک کوزه کوچک روغن زیتون داشت. الیشع گفت: "برو به در خانه همسایه‌ها و هر چقدر می‌توانی کوزه خالی قرض کن. سپس با پسرانت برو به خانه‌ات و روغن خود را در ظرفها بریز. او هم همین‌کار را کرد".

ناگهان معجزه رخ می‌دهد: او ریخت و ریخت، با روغنی که در آن کوزه کوچک بود توانست تمام کوزه‌ها را پرکند و همه آنها تا لبه پربودند.

بعد، نبی به او گفت: "برو و روغن را بفروش! سپس قرض‌هایت را بده و با باقیمانده پول می‌توانی از خود و پسرانت نگهداری کنی".

مادر، بی‌نهایت خوشحال است. او می‌تواند قرض‌هایش را پس بدهد و پسرانش هم می‌توانند پیش او بمانند.

خدا به او دو هدیه بزرگ داد او به خداوند همیشه مدیون و از او متشکر است.

همچنین ما هم می‌توانیم با هر مشکلی نزد خداوند بیاییم.

۱. چرا آن زن در موقع بدبختی پیش الیشع می‌رود؟
۲. چطور آن زن فقیر توانست قرض‌هایش را بپردازد؟
۳. ما چه مشکلی را می‌توانیم به خدا بگوییم؟

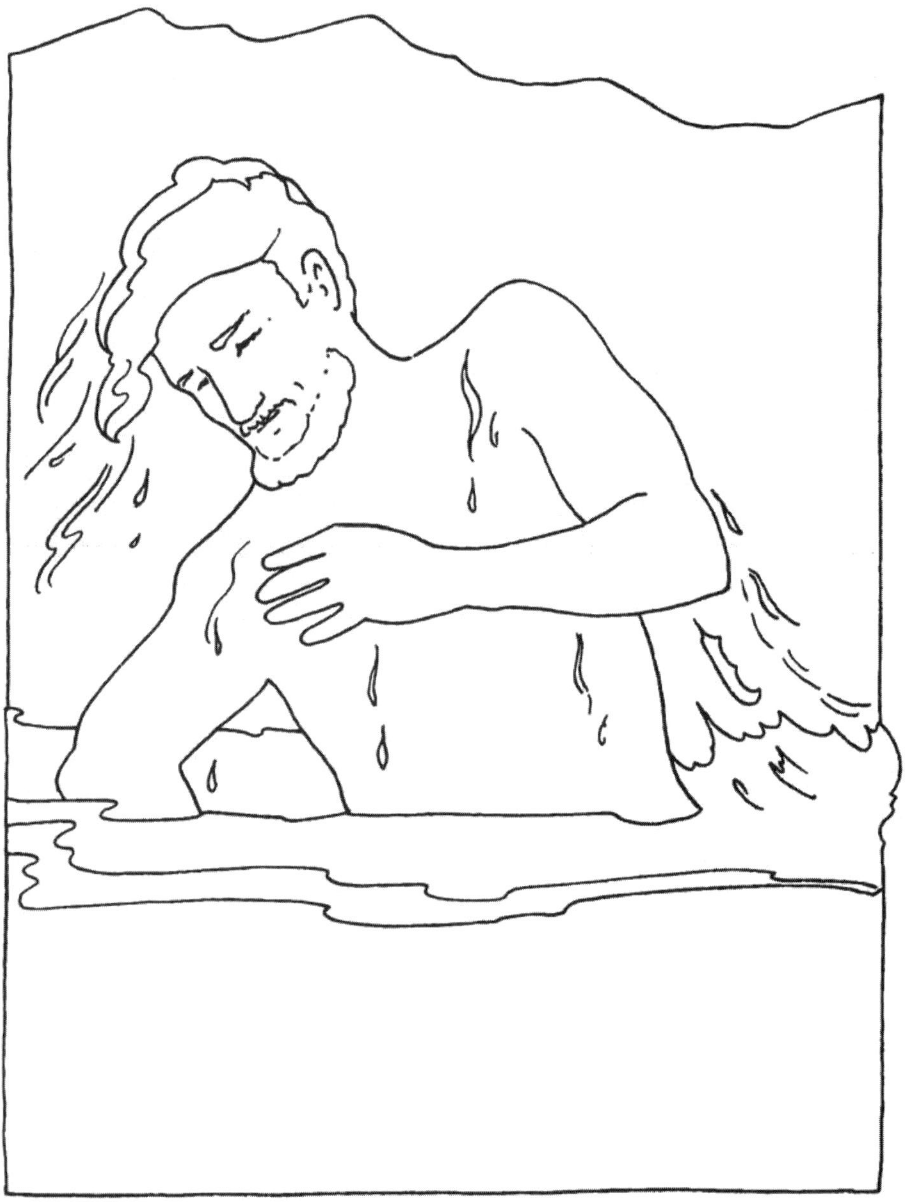

فرمانده سپاه جذامی

(دوّم پادشاهان ۵ : ۱-۱۸)

نعمان، فرمانده سپاه سوریه است او رئیس بسیاری از سربازان می‌باشد. در جنگهای زیادی پیروز شده و خیلی مشهور است.

با وجود همه اینها، او ناراحت است، زیرا او جزامی است و این بدترین بیماری پوستی است که کشنده می‌باشد. او حالا چکار باید بکند؟ یک دختر اسیر در خانواده راه و چاره را می‌داند: "در سرزمین ما، اسرائیل، یک نبی خدا زندگی می‌کند. او می‌تواند فرمانده را شفا دهد".

همسر نعمان این خبر را به شوهرش می‌دهد. او هم هر چه زودتر به اسرائیل سفر می‌کند و آنجا پادشاه را ملاقات می‌کند. پادشاه با عصبانیّت عکس‌العمل نشان می‌دهد: "من که خدا نیستم! نمی‌توانم به تو کمک کنم!" در آنجا فرمانده وحشت می‌کند. او حالا باید چکار کند؟

الیشع، نبی خداوند، نعمان را نزد خود می‌خواند و این پیغام توسط خدمتکارش به او داده می‌شود: "برو و در رود اردن خود را هفت بار در آب فرو کن. سپس شفا خواهی یافت".

"چی؟ من باید خود را در آن آب کثیف بشویم؟ در وطن خود لااقل آب رودخانه تمیز است. هیچ روش دیگری وجود ندارد که الیشع بتواند مرا شفا دهد؟" او با عصبانیّت می‌خواهد برگردد. ولی خادمانش خواهش می‌کنند که حرف الیشع را گوش کند. "خیلی ساده است. امتحان کن!" آنها نعمان را راضی می‌کنند. او هفت بار خود را در آب فرومی‌برد.

"من پاک شدم! کاملاً شفا یافتم. جذام رفته است!" او فریاد شادی سرمی‌دهد. حقیقتاً، خداوند او را شفا داد. اکنون نعمان می‌داند: هرکس، به کلام خداوند ایمان آورد و آن را اجرا کند هیچوقت ناامید نخواهد شد.

۱. آن دختر اسرائیلی چه پندی را به همسر نعمان می‌دهد؟
۲. الیشع چه دستوری را به آن فرمانده جذامی می‌دهد؟
۳. چه کسی نعمان را شفا می‌دهد؟

بیماری پادشاه

(دوّم پادشاهان ۱۸-۲۰)

حزقیّا پادشاه سخت بیمار است. دکترها دیگر هیچ کاری نمی‌توانند انجام دهند. اشعیای نبی به عیادت پادشاه می‌آید. حزقیّا خوشحال می‌شود. البتّه اشعیا یک خبر ناخوشایندی برای او دارد. "تو باید بمیری! خودت را آماده کن". پادشاه وحشت می‌کند. او ناامید، شروع به دعا کردن می‌کند. "ای خداوند، تو می‌دانی که من همیشه به تو وفادار بوده‌ام. حالا من این خبر بد را دریافتم که باید بمیرم!" حزقیّا با صدای بلند گریه می‌کند. خدا دعای او را می‌شنود. او اشکهای حزقیّا را دیده است و می‌خواهد او را شفا دهد. گرچه حزقیّا شفای خود را از خدا خواسته بود ولی او نمی‌تواند آن را باور کند. بنابراین از خداوند خواهش می‌کند که تأیید کند و خداوند خواسته او را انجام می‌دهد: خصوصاً برای حزقیّا موقعیّت خورشید را تغییر می‌دهد و به مدّت طولانی هوا روشن می‌ماند. پادشاه بهبودی کامل می‌یابد همانطوری که خداوند قول داده بود.

البتّه طولی نمی‌کشد و پادشاه فراموش می‌کند که خداوند برایش چه کرده است. او مغرور، و از خود راضی می‌شود. خداوند به حزقیّا ثروت فراوان و به کشورش صلح بخشیده است. ولی پادشاه فکر می‌کند که همه اینها نتیجه کار خودش می‌باشد. وقتی آدم مغرور می‌شود، سریعاً کار اشتباهی انجام می‌دهد. وقتی که فرستاده‌های پادشاه از بابل آمدند، حزقیّا پیمان دوستی با آنان می‌بندد، با اینکه خدا این را نمی‌خواهد.

اکنون باید اشعیا به او بگوید: "حزقیّا بعد از مرگ تو ، تمام ثروتت به بابل برده خواهد شد".

اگر پادشاه به خداوند وفادار مانده بود، هرگز چنین اتّفاقی رخ نمی‌داد.

۱. حزقیّا چه خبری را از اشعیا دریافت می‌کند؟
۲. چه کسی حزقیّا را شفا می‌دهد؟
۳. بعد از مرگ حزقیّا ثروت او چه می‌شود؟

یوشیا، پادشاه جوان

(دوّم پادشاهان ۲۲)

یوشیّا یک پادشاه جوان است. او خداوند را دوست می‌دارد و می‌خواهد طوری زندگی کند که مورد پسند خداوند قرار بگیرد، نمی‌خواهد مثل پدرش ، آمون، باشد. آمون پادشاه بدی بود. او خداوند را پرستش نمی‌کرد، در عوض بت‌ها را می‌پرستید. قوم او، اسرائیلیها هم از او پیروی می‌کردند. هیچ‌کس، دیگر به خانه خدا نمی‌رفت.

پادشاه جوان می‌گوید: "اینگونه نمی‌تواند ادامه پیدا کند. هیچ‌کس خدا را دوست ندارد. معبد ویران است، باید تعمیر شود و برای عبادت، تمیز و مرتّب گردد".

کارگران مشغول کار هستند. حلقیّا کاهن هم آنجاست. او ناگهان یک طومار پیدا می‌کند ومتوجّه می‌شود که این کلام خداست. با عجلـه نزد پادشاه می‌رود وآنچه را یافته به او نشان می‌دهد. یوشیّا اجازه می‌دهد که کلام خدا خوانده شود. در آن نوشته شده است که مردم باید چگونه رفتار کنند و چگونه به خداوند ایمان داشته باشند. او ناراحت شده فریاد می‌زند: "خدا چقدر باید از دست ما ناراحت باشد. ما به او گوش نکرده و کارهای بسیار شرورانه‌ایی انجام داده‌ایم. آه ای خداوند خواهش می‌کنم ما را ببخش!" یوشیّا کاملاً جدّی است. او مردم را صدا می‌زند و کلام خدا را می‌خواند و ازآنها سؤال می‌کند: "آیا مایل هستید به گونه‌ای که خداوند می‌پسندد زندگی کنید؟" تمامی مردم موافقت می‌کنند و قول می‌دهند که دیگر کارهای شرورانه انجام ندهند. آنها می‌خواهند مانند پادشاه، خداوند را دوست بدارند و مطیع او باشند.

۱. پادشاه جوان، کدام خانه را به دست تعمیر می‌سپارد؟
۲. حلقیّا چه چیزی را در معبد پیدا می‌کند؟
۳. پادشاه، بعد از اینکه کلام خداوند برایش خوانده می‌شود چکار می‌کند؟

ارمیا و باروک
(ارمیا ۳۶)

"ای مردم گوش کنید! خداوند یک پیام مهّم برای شما دارد." مردم با کنجکاوی نزدیکتر آمده می‌ایستند. باروت، دوست ارمیای نبی، در دهلیز معبد ایستاده، طومار را گشوده و شروع به خواندن می‌کند. همه برانگیخته شده به کلام او گوش می‌دهند. این واقعه فوراً به اطّلاع وزرا می‌رسد. آنها جلسه خود را خاتمه داده، باروک را احضار می‌کنند. "خواهش می‌کنیم طومار خود را برای ما بخوان. ما هم می‌خواهیم این خبر مهّم را بشنویم!" وقتی که باروک نوشته را تا پایان می‌خواند، آنها می‌خواهند بدانند منشأ این خبر از کجاست. لیکن متوجّـه می‌شوند که ارمیا این کلام را از خداوند دریافت کرده است. وزرا، باروک را نصیحت می‌کنند که با ارمیا مخفی شوند. "پادشاه شما را خواهد کشت، اگر بشنود که خداوند چطور از زندگی گناه‌آلود ما متنفّر است و چه بدبختی در انتظار ماست."

پادشاه جلوی بخاری راحت نشسته است و با ترش‌رویی به صحبتهای وزرایش گوش می‌دهد: "ای پادشاه، ما یک خبر فوری برای تو داریم. این خبر توی یک طومار است!".

او دستور می‌دهد: "فوراً آن را به اینجا بیاورید! کاتبانم باید آن را برایم بخوانند!" وقتی که پادشاه پیام را می‌شنود، خشمگین می‌گردد. او متوجّـه می‌شود که خداوند به او هشدار می‌دهد و او نمی‌خواهد آن را بشنود. او طومار را می‌سوزاند. ولی خبر ندارد که خداوند از همه چیز آگاه است. کلام او، حتّی اگر توسط انسان سوزانده شود باز هم، معتبر است.

۱. چه کسی پیام خداوند را برای وزرا می‌خواند؟
۲. خداوند چه چیزی را می‌خواهد به اطلاع پادشاه برساند؟
۳. چرا پادشاه کلام خداوند را می‌سوزاند؟

دانیال می‌گوید: "نه ، متشکر!"

(دانیال ۱)

دانیال، دوستانش و بسیاری از افراد دیگر را به شهر بابل که از اسرائیل بسیار دور است به اسارت برده‌اند. بابلی‌ها، اورشلیم را مورد حمله قرار داده و خیلی‌ها را اسیر کرده‌اند. پادشاه باهوشترین یهودی‌ها را به کاخ خود می‌خواند. اینجا باید به مدّت سه سال، زبان و چیزهای مهّم را یاد بگیرند، تا بعدها برای پادشاه به عنوان مشاور خدمت کنند.

البتّـه دانیال و دوستانش از چیزی نگران هستند. پادشاه دستور داده بود که آنها باید از خوراکی خودش بخورند. دانیال غذای مجلل و شراب را می‌بیند و می‌گوید: "نه، متشکر! ما نمی‌توانیم این را بخوریم. خوراکی پادشاه از قربانی بتهاست. دوستان، من نزد رئیس خواجه سرایان خواهم رفت و از او خواهش خواهم کرد که ما سبزیجات و آب دریافت کنیم".

رئیس خواجه سرایان به آنها اجازه این کار را نمی‌دهد. او نمی‌خواهد از دستور پادشاه سرپیچی کند. دانیال پیشنهاد می‌کند برای مدّت ده روز آن را امتحان کنند. رئیس خواجه سرایان هم رضایت می‌دهد.

بعد از انقضای ده روز، چهره‌های دانیال و دوستانش، سالمتر از بقیه بنظر می‌رسد. بنابراین بعد از آن هم آنها سبزیجات و آب دریافت می‌کردند و از این بابت خوشحال بودند.

بعد از پایان سه سال پادشاه اسرائیلی‌های جوان را امتحان می‌کند. او می‌خواهد بداند که در این مدّت، چه چیز یاد گرفته‌اند. دانیال و دوستانش، بهترین جواب را می‌دهند. پادشاه فوراً آنها را به عنوان مشاور خود، استخدام می‌کند.

خداوند، به آنها کمک کرد. منفعت شما در اطاعت کردن از اوست.

۱. چرا دانیال نمی‌خواهد غذای پادشاه را بخورد؟
۲. او چه چیزی را به جای آن می‌خواهد بخورد؟
۳. چه کسی بهترین جواب را در موقع امتحان می‌دهد؟

در خطر بودن سه دوست

(دانیال ۳)

عده زیادی از مردم در یک میدان بزرگ جمع شده‌اند. قرار است تا موسیقی نواخته می‌شود، همگی جلوی مجسّمه طلایی سجده کرده و دعا کنند. ولی چه شده است؟ سه نفر در جای خود ایستاده مانده‌اند. آنها ترسی از مجازات ندارند؟ هرکس که سجده نکند، داخل کوره آتش انداخته خواهد شد. شورک، میشک و عبدنغو می‌دانند که باید تنها به خدای زنده پرستش و دعا کنند. آنها می‌خواهند فقط در برابر او سجده کنند. آن سه دوست فوراً نزد نبوکدنصر پادشاه برده می‌شوند. مجازات سختی آنها را تهدید می‌کند ولی با این وجود، آنها نمی‌خواهند مجسّمه بزرگ طلایی را بپرستند. پادشاه غضبناک می‌شود و فریاد می‌زند: "آنها را در کوره آتش بیندازید و آتش را هفت برابر از این که هست زیادتر کنید".

شورک، میشک و عبدنغو را محکم بسته در کوره می‌اندازند. حرارت آتش آنقدر زیاد است که افراد قدرتمندی که آنها را به کوره انداخته بودند را می‌کشد. ناگهان نبوکدنصر به وحشت می‌افتد: "این دیگر چیست؟ ما فقط سه نفر را بسته، در کوره انداختیم، ولی اکنون چهار نفر آزاد، بدون اینکه بسوزند در شعله‌های آتش قدم می‌زنند. چهارمین نفر، شبیه فرشته است". پادشاه فریاد می‌زند: "شما ای خدمتگزاران خدا، هرچه سریع‌تر از کوره بیرون بیائید!" آنها با لباس و کفش، بیرون می‌آیند. هیچ چیز نسوخته است. حتّی یک مو! آنها بوی دود هم نمی‌دهند. آن سه دوست، خودشان را به خدا سپرده بودند و خدا آنها را به طرز معجزه آسایی حفظ کرد.

۱. چرا دوستان دانیال جلوی مجسّمه سجده نمی‌کنند؟
۲. آن سه دوست چه مجازاتی را دریافت می‌کنند؟
۳. چه کسی با دوستان دانیال در آتش بود؟

دانیال به خدا وفادار است

(دانیال ۶)

دانیال بهترین وزیر داریوش پادشاه است. خیلی‌ها به او حسادت می‌کنند. دشمنانش نمی‌توانند در او هیچ ایراد و اشتباهی بیابند. آنها نزد پادشاه می‌روند و می‌گویند: "ای پادشاه، قانون جدیدی وضع کن که هرکسی که تا سی روز از خدایی یا انسانی به جز خود تو، درخواستی نماید، در چاه شیران افکنده شود".

پادشاه موافّقت می‌کند. دانیال با خبر می‌شود. او دقیقاً می‌داند: خداوند از او می‌خواهد که دعا کند. او چکار خواهد کرد؟

دانیال جلوی پنجره باز به زانو در می‌آید و دعا می‌کند. همانطوری که تا به حال کرده است. آن مردان او را می‌بینند و فوراً نزد پادشاه می‌روند: "دانیال سه مرتبه در روز خدای خودش را دعا می‌کند. او باید در چاه شیران افکنده شود!".

پادشاه خیلی غمگین می‌شود. او دانیال را خیلی دوست دارد. پادشاه می‌خواهد به او کمک کند ولی نمی‌تواند قانون را عوض کند. دانیال باید شب هنگام در چاه انداخته شود. پادشاه او را صدا می‌زند: "خدای تو کمکت کند". دانیال می‌داند که خدا با اوست، حتّی اگر هم هلاک شود.

در آن شب پادشاه نمی‌تواند بخوابد. آیا خداوند دانیال را نجات خواهد داد؟ صبح خیلی زود، داریوش پادشاه به طرف گودال می‌رود و صدا می‌زند: "دانیال، آیا خدایت تو را نجات داد؟" - "بله ای پادشاه، خدای من فرشته‌ای را فرستاد. شیران نتوانستند به من هیچ آسیبی برسانند".

دانیال را از چاه شیران بیرون می‌آورند و دشمنان را مجازات می‌کنند.

دانیال به خداوند وفادار ماند و خداوند از او محافظت کرد.

۱. چه کسی به دانیال حسادت می‌کند؟
۲. چرا باید دانیال به چاه شیران افکنده شود؟
۳. خدا چه چیزی را برای حفاظت دانیال می‌فرستد؟

یونس فرار می‌کند

(یونس ۱-۴)

"یونس، من می‌خواهم که تو به نینوا بروی و مردم آنجا را آگاه سازی. آنها کارهای بی‌نهایت زشت و شرورانه انجام می‌دهند. اگر آنها این وضع را ادامه دهند، من شهرآنان را ویران خواهم کرد!" یونس خواسته خداوند را می‌شنود. امّا او نمی‌خواهد اطاعت کند. در واقع او عصبانی است: "چرا از بین همه من باید به نینوا بروم؟ دشمنانم در آنجا زندگی می‌کنند! آنها باید هلاک شوند!"

یونس با عجله به بندر می‌رود و در آنجا یک کشتی پیدا می‌کند که او را با خود ببرد. او دقیقاً به سمت مقابل نینوا حرکت می‌کند. او از این بابت خوشحال نیست.

ناگهان طوفانی پدید می‌آید. موجهای بلند ضربه به کشتی می‌زنند. سرنشینان کشتی از ترس فریاد می‌زنند ولی یونس در خواب است. "آهای، خدایت را برای کمک صدا کن. شاید که او بتواند ما را نجات دهد!" ناگهان یونس بیدار می‌شود. او با اکراه اقرار می‌کند: "مقصر این طوفان من هستم. من می‌خواستم از خدایم بگریزم! مرا هر چه زودتر به دریا بیندازید، سپس طوفان آرام خواهد شد!".

ملوانان این کار را می‌کنند و طوفان بلافاصله آرام می‌گردد.

یونس خود را در شکم ماهی بسیار بزرگ پیدا می‌کند. او به خدا می‌گوید که چطور نامطیع بوده است. ماهی او را از دهان خود به ساحل می‌اندازد و یونس به نینوا می‌رود.

او هرگز فکر نمی‌کرد مردم این شهر، حتّی خود پادشاه، متوجّه شرارت و بی‌خدا بودن خود شوند آنها از خداوند طلب بخشش گناه می‌کنند.

۱. یونس وقتی که سفارش خداوند را می‌شنود، چکار می‌کند؟
۲. خداوند یونس را در دریا چطور نجات می‌دهد؟
۳. مردم نینوا بعد از شنیدن پیغام یونس چکار می‌کنند؟

عهد جديد

عیسی خداوند متولّد می‌شود

(متی ۱ : ۱۸-۲۵)

بیت لحم خیلی شلوغ است. آنجا جایی برای ماندن نیست. مریم و یوسف، ناامید و خسته، در شهر سرگردانند. بزودی بچّه اوّل آنها به دنیا خواهد آمد و در هیچ کجا جایی برای اقامت آنها وجود ندارد. بیرون تاریک است. یوسف همچنان می پرسد و به جستجو ادامه می دهد. بالاخره یک میزبان می‌گوید: "شما می‌توانید شب را در آخور من بگذرانید". مریم و یوسف پیشنهاد او را قبول می‌کنند.

در همان شب مریم بچّه خود را به دنیا می‌آورد. یک بچّه فوق العاده: عیسی، پسر خدا، نجات دهنده جهان. او در کاخ به دنیا نیامد. گهواره طلائی و رختخواب قشنگ هم برای او حاضر نبود. کودک را در قنداق پیچیده و در آخور خوابانده‌اند. آیا خداوند اینطور خواسته بود؟ بلی! پیغمبر، سالها پیش، این را پیشگویی کرده بود: فرزند خدا در لحم به دنیا خواهد آمد. او کسی است که صلح به جهان خواهد آورد..

تا این زمان کسی در بیت لحم نمی‌داند که چه کسی در آخور متولّد شده است امّا فرشته‌ها که خداوند را در آسمان خدمت می‌کنند، می‌دانند که چه رویداد بزرگی واقع شده است. آنها در یک گروه سرود بزرگ می‌خوانند: "جلال بر خداوند باد!"

۱. مریم و یوسف کدام محل را برای اقامت پیدا می‌کنند؟
۲. بچّه کوچولو را کجا می‌خوابانند؟
۳. چرا عیسی خداوند به دنیا آمد؟

مجوسیان از مشرق زمین

(متی ۲ : ۱-۱۲)

مجوسّیان حیرت‌زده و مشتاقانه به آسمان نگاه می‌کنند: "نگاه کنید، یک ستاره مخصوص در آسمان است" یکی از ستاره‌شناسان می‌گوید: "یک جایی باید پادشاه جدیدی به دنیا آمده باشد!" آقایان متوجّـه می‌شوند که آن ستاره این معنی را می‌دهد که پادشاه باید در سرزمین یهود به دنیا آمده باشد". آنها تصمیم می‌گیرند که با او آشنا شوند. بنابراین راه درازی را در پیش می‌گیرند. آنها روزهای زیادی در راه هستند. آن ستاره، تنها راهنمای آنهاست. سرانجام آنها به اسرائیل می‌رسند و فوراً در مورد پادشاه جدید، سؤال می‌کنند ولی مردم اسرائیل راجع به پادشاه جدید چیزی نمی‌دانند.

هیرودیس پادشاه از مقصود آن دو نفر که از راه دور آمده‌اند با خبر شده آنها را پیش خود می‌خواند. او از پادشاه جدید می‌ترسد زیرا می‌خواهد فقط خودش پادشاه باشد، هیچ‌کس حق ندارد جای او را بگیرد.

او مشاوران خود را می‌طلبد و آنها تأیید می‌کنند که توسط پیامبران پیشگویی شده است که او در بیت لحم به دنیا خواهد آمد.

اکنون هیرودیس دروغ می‌گوید. ریاکارانه می‌گوید که او هم می‌خواهد کودک را ببیند و ستایش کند.

مجوسّیان سریع کاخ را ترک می‌کنند و راهی بیت لحم می‌گردند. در آنجا مریم، یوسف و کودک را پیدا می‌کنند. با احترام فراوان زانو می‌زنند و هدایای خود را می‌گشایند. طلا، کُندر و مرّ به او تقدیم می‌کنند.

آنها می‌دانند که این کودک، خارق العاده است. او صلح به جهان می‌آورد.

۱. ستاره شناسان در آسمان چه چیزی را می‌بینند؟
۲. مجوسّیان کودک را در بیت المقدّس یا در بیت لحم پیدا می‌کنند؟
۳. آن آقایان، چه چیزی را به عیسی کوچولو اهدا می کنند؟

فرار به مصر

(متی ۲ : ۱۳-۲۳)

"بیدار شو، مریم! می‌شنوی؟ بیدار شو! ما باید هر چه زودتر فرارکنیم!" مریم، خواب‌آلود، چشمانش را می‌مالد: "یوسف، چرا مرا نصف شبی بیدار می‌کنی؟ چیزی شده؟" یوسف در پاسخ می‌گوید: "ما باید بیت لحم را هر چه زودتر ترک کنیم و به مصر برویم. بعداً همه چیز را برایت توضیح می‌دهم. بچّه را بردار. لوازم مورد نیاز را جمع کرده‌ام. الاغ، حمل کننده ما، بیرون دم در حاضر است". مریم حس می‌کند که یوسف در این مورد بسیار جدّی است و باید از او پیروی کند. طولی نمی‌کشد که آن سه نفر، مریم، یوسف و آن کودک، خانه را ترک می‌کنند. شب تاریکی است و هیچ‌کس متوجّه سفر آنان نمی‌شود.

در بین راه، مریم و یوسف با هم صحبت می‌کنند که چرا آنها مجبور بودند سریعاً فرار کنند. یوسف اتّفاق آن شب رابه طور مفصل توضیح می‌دهد: "یک فرشته در خواب به من ظاهر شد و به من گفت که سریع بلند شوم، کودک را بردارم و با شما به مصر فرار کنم. هیرودیس می‌خواهد این کودک را بکشد".

این خانواده کوچک، روزهای خیلی زیادی در راه هستند. خداوند در مسافرت طولانی ازآنها مواظبت می‌کند. همچنین زمانی که در مصر هستند، خداوند مراقب آنها می‌باشد.

بعد از چندین سال هیرودیس می‌میرد. یوسف و مریم، با بچّه، دوباره به اسرائیل برمی‌گردند.

۱. چه کسی از یوسف می‌خواهد که سریعاً فرار کنند؟
۲. چرا باید یوسف با مریم و عیسی فرار کند؟
۳. چه کسی از این خانواده، در این سفر طولانی مواظبت می‌کند؟

خانه بر صخره، خانه بر شن و ماسه

(متی ۷ : ۲۴-۲۷)

عیسی و شاگردانش با هم در بالای یک کوه صاف و قشنگی می‌نشینند. عیسی می‌داند که دوستان او هنوز باید خیلی چیزها درباره خداوند و ایمان راسخ یاد بگیرند. او می‌خواهد به آنان توضیح دهد که خیلی از بزرگسالان و بچّه‌ها، با رفتارشان، خودشان را خوب نشان می‌دهند ولی در قلبشان هیچ جایی برای خداوند ندارند. عیسی می‌داند که زندگی بدون خداوند هیچ عاقبت خوبی ندارد، بنابراین: او داستانی را برای شاگردانش تعریف می‌کند. آنها باید از آن داستان یاد بگیرند. چقدر مهّم است که نه تنها کلام خدا را بشنوند، بلکه از آن اطاعت هم بکنند.

دو نفر می‌خواهند خانه بسازند. یکی از آنان نمی‌خواهد مدّت زمان طولانی منتظر ساختن خانه‌اش بماند. او زمینی که ماسه‌ای و نرم است انتخاب می‌کند و بعد از مدّت کوتاهی خانه‌اش ساخته می‌شود. دیگری اهمیّتی به کار سخت و زیاد نمی‌دهد. او خانه‌اش را روی یک صخره بنا می‌کند. سرانجام، بعد از مدّت طولانی ساخت و ساز، او می‌تواند اسباب‌کشی کند.

سپس طوفان شدیدی پدید می‌آید. روزهای متوالی باران می‌بارد و سیل جاری می‌شود. اکنون مشخص خواهد شد که چه کسی خانه‌اش را در مکان درست، بنا کرده است. روز بعد معلوم می‌شود: خانه‌ای که در شن و ماسه بنا شده بود ویران می‌شود و خانه‌ای که بر روی صخره بنا شده بود همچنان ایستاده است. عیسی می‌گوید: "ببینید، ایمان هم همینطور است. تصمیم خود را برای ایمان واقعی بگیرید. ایمان واقعی سختی‌ها را تحمّل می‌کند و تا ابد می‌ماند".

۱. آن دو نفر، خانه‌هایشان را روی چه زیربنایی درست می‌کنند؟
۲. کدام کارگر، باهوش و کدامیکی احمق است؟
۳. کدام خانه محکم ایستاده است و چرا؟

پطرس روی آب راه می‌رود

(متی ۱۴ : ۲۲-۳۳)

شاگردان عیسی در حالی که خسته‌اند، سوار قایق می‌شوند. عیسی با آنان نیست او بر بالای تپّه‌ای رفته است تا دعا کند. در آنجا با خداوند، پدر خود، درباره خیلی چیزها صحبت می‌کند.

شب است و شاگردان، بدون سرورشان، در دریای تاریک جنیسارت پارو می‌زنند. ناگهان طوفان شدیدی پدید می‌آید و موجها به قایق ضربه می‌زنند و آن را به این طرف و آن طرف تکان می‌دهند. آنها به سختی می‌توانند قایق را نگه دارند. آنها ترسیده‌اند و برای نجات جانشان پارو می‌زنند. شاگردان، نا‌امید، فکر می‌کنند: "اگر عیسی حالا با ما بود".

اگرچه عیسی شاگردان خود را برای مدّت کوتاهی تنها گذاشت، او می‌داند که آنها درچه وضعیّتی هستند و آنها را تنها نمی‌گذارد.

ناگهان شاگردان فریاد می‌زنند: "کمک! یک روح!" ولی آن یک روح نیست. آن عیسی است که روی آب راه می‌رود و برای کمک آنان می‌آید. پطرس با جرأت صدا می‌زند: "خداوندا اگر این تو هستی، دستور بده تا من هم پیش تو بیایم!" عیسی در جواب می‌گوید: "بیا!" پطرس از قایق پیاده می‌شود و چند قدمی روی آب راه می‌رود. وقتی که به وحشت می‌افتد، شروع به فرورفتن در آب می‌کند. "کمک! سرورم مرا نجات بده!" عیسی به سرعت پیش او می‌آید و دستش را می‌گیرد. سپس از او سؤال می‌کند: "پطرس، چرا تو به من شک کردی؟" آنها با هم سوار قایق می‌شوند و طوفان و موجها آرام می‌گیرند.

سایرین که خشکشان زده بود، به پای او می‌افتند و او را پرستش می‌کنند و می‌گویند: "واقعاً که تو فرزند خدا هستی!".

۱. چرا شاگردان بدون عیسی، حرکت کردند؟
۲. پطرس وقتی که عیسی را می‌بیند، می‌خواهد چکار کند؟
۳. چرا عیسی می‌تواند روی آب راه برود؟

زنی که به عیسی خداوند اعتماد می‌کند
(متی ۱۵ : ۲۱-۲۸)

عیسی همه را دوست دارد. برای او مهّم نیست که در کدام کشور زندگی می‌کنند، فقیر یا که غنی هستند. او هیچ فرقی بین آنها نمی‌گذارد. همه باید فرصت را بدست بیاورند تا به پسر خداوند اعتماد کنند.

عیسی سرزمین اسرائیل را ترک می‌کند و به کشور همسایه می‌رود. اینجا تقریباً کسی او را نمی‌شناسد. روزی، وقتی که او خانه‌ای را که با شاگردانش زندگی می‌کند ترک می‌کند، زنی از پشت سر او می‌دود و فریاد می‌زند: "ای سرورم، پسر داود، به من رحم کن! دخترم از روح پلید به ستوه آمده است". عیسی بر نمی‌گردد و او همچنان بدون آنکه جوابی بدهد به راهش ادامه می‌دهد. شاگردان ناراحت می‌شوند زیرا آن زن مدام فریاد می‌کشد. سرانجام شاگردان به عیسی می‌گویند: "سرورم، اینگونه نمی‌شود ادامه داد. کمکش کن، سپس راحت خواهیم شد". عیسی درنگ می‌کند. او می‌خواهد ببیند، تا چه حد آن زن و شاگردان به او ایمان دارند. بعلاوه شاگردان باید یاد بگیرند که عیسی کمک نمی‌کند تا راحتی یابد، بلکه او کمک می‌کند، چون مردم را دوست می‌دارد. آن زن به طرف عیسی می‌آید. به زانو می‌افتد و التماس می‌کند: "سرورم کمکم کن!" عیسی به آن زن می‌گوید: "ایمان تو قوی است! برو به خانه‌ات، دخترت شفا یافته است!" در همان موقع، آن دختر شفا پیدا می‌کند.

از این تجربه، شاگردان و آن زن ، یاد می‌گیرند که ایمان واقعی کمک می‌کند تا در مقابل سختیها محکم بایستند.

۱. آن زن از عیسی چه می‌خواهد؟
۲. شاگردان برای چه چیزی ناراحت می‌شوند؟
۳. عیسی چطور به آن زن کمک می‌کند؟

آدم چند مرتبه باید ببخشد؟

(متی ۱۸ : ۲۱-۳۵)

تصور کن، خواهرت یا برادرت تو را مدام اذیّت می‌کنند. آنها از تو عذرخواهی می‌کنند امّا طولی نمی‌کشد که دوباره دعوا می‌کنید. چه فکر می‌کنی، تا چند مرتبه باید دیگران را ببخشیم؟

عیسی اینطور تعریف می‌کند: پادشاهی خادمان زیادی دارد که به کارهایش رسیدگی می‌کنند. یکی از خادمان به پادشاه خیلی زیاد بدهکار است، که هرگز نمی‌تواند قرضش را پس بدهد. پادشاه به او دستور می‌دهد تا کلیّه دارائی‌اش، منجمله زن و بچّه‌هایش فروخته شوند. آن خادم با ناامیدی فریاد می‌زند: "آقایم، استدعا می‌کنم کمی به من فرصت بدهید، من همه قرضهایم را پس خواهم داد". پادشاه دلش به حالش می‌سوزد و از بدهی‌هایش می‌گذرد. او دیگر مجبور نبود پول را پس بدهد. در راه برگشت به خانه، این خادم با یکی از همکارانش روبرو می‌شود. او با عصبانیت داد می‌زند: "تو به من بدهکاری. هر چه زودتر این پول را به من پس بده". آن مرد ناامیدانه پاسخ می‌دهد: "کمی صبر داشته باش، من تمام بدهی‌ام را پس خواهم داد". ولی آن مرد دلش به حالش نمی‌سوزد و می‌گذارد تا او را به زندان بیندازند.

وقتی که پادشاه این را می‌شنود، خادم بدجنس را فرامی‌خواند و می‌گوید: "تو آدم خیلی بدی هستی. من تمام بدهی‌های تو را بخشیدم، ولی تو با همکارت، بخاطر بدهی‌اش بی‌رحمانه رفتار کردی. تو باید مجازات شوی. اکنون تو باید تمام قرض‌هایت را پس دهی".

ما چند مرتبه باید ببخشیم؟ عیسی می‌گوید: بارها و بارها. خداوند ما را هم تماماً می‌بخشد.

۱. چرا پادشاه از دست خادم عصبانی است؟
۲. آن خادم چه کار اشتباهی می‌کند؟
۳. ما تا چند مرتبه باید دیگران را ببخشیم؟

پسران متفاوت

(متی ۲۱ : ۲۸-۳۱)

تقریباً همه می‌توانند بشنوند ولی برای بسیاری از ما اطاعت کردن بسیار دشوار است، عیسی همچنین این را تجربه کرده است. داستان ذیل اهمّیت اطاعت را به ما نشان می‌دهد.

پدری دو پسر دارد. او از این بابت بسیار خوشحال است. یک روز او از هر دو آنها می‌خواهد تا به تاکستان بروند. درآنجا کاری هست که باید به انجام برسد. یکی از آن دو، حال و حوصله آن را ندارد. او می‌گوید: "من نمی‌خواهم بروم!" امّا بعد از مدّتی، او پشیمان می‌شود که "نه" گفته است. بنابراین او به تاکستان می‌رود و با دل و جان کار می‌کند. قلب او شاد است زیرا او کار درستی کرده است.

پسر دیگر چه؟ وقتی که او درخواست پدرش را می‌شنود فوراً جواب می‌دهد: "بلی، من حاضرم، من به تو کمک می‌کنم!" ولی او چکار می‌کند؟ او نمی‌رود.

کدامیک از آن دو پسر درست عمل کرد و هر آنچه را پدر از او خواسته بود انجام داد؟ هر دو پسر، خواهشِ پدر خود را شنیدند ولی اوّلی از او اطاعت کرد و دوّمین پسر، با وجود اینکه بلی گفته بود ولی نرفت کار را انجام دهد. بنابراین مواظب باشید: تنها بلی گفتن کافی نیست. بلکه باید به قول خود عمل کنیم.

۱. پدر چه چیزی را از پسران خود درخواست می‌کند؟
۲. پسران چکار می‌کنند؟
۳. کدام پسر درست عمل می‌کند؟

دعوت به جشن عروسی

(متی ۲۲ : ۱-۱۴)

تصوّر کن، دوستانی را برای جشن تولّدت دعوت می‌کنی، ولی یکی پس از دیگری می‌گوید: "من نمی‌آیم!" چه احساسی پیدا می‌کنی؟ آیا بسیار غمگین نخواهی شد؟ این چیزی است که عیسی می‌خواهد با این حکایت برای شاگردانش روشن کند که خداوند چه احساسی می‌کند وقتی که از ما دعوت می‌کند به سویش برویم ولی ما آن را نمی‌پذیریم.

پادشاهی پسری دارد که می‌خواهد ازدواج کند. آن پادشاه، عدّه زیادی را به این جشن دعوت می‌کند. او جشن مفصّلی را ترتیب می‌دهد ولی چیزی به عروسی نمانده بود که باخبر می‌شود که هیچ‌کدام از مهمانها نمی‌توانند در جشن شرکت کنند. پادشاه بسیار ناراحت و عصبانی می‌شود او به خادمین خود دستور می‌دهد: "به کوچه و بازار بروید و فقیران، بیگانگان، بیماران و هرکسی را که پیدا کردید با خود بیاورید". این مردان و زنان دعوت را قبول کرده با آنها می‌روند. چه سعادتی: آنها می‌توانند با همان لباسها که بر تن دارند به جشن بروند. لباسهای مخصوص جشن برایشان آماده شده است.

به مجردی که همه پشت میز می‌نشینند، شاه وارد می‌شود و به مهمانان خوش آمد می‌گوید. پادشاه متوجّه می‌شود که یک نفر لباس جشن را نپوشیده است چون فکر می‌کرد که لباس خودش به حد کافی خوب است. پادشاه او را از آنجا بیرون می‌کند، زیرا فقط آنانی می‌توانند در جشن، حضور داشته باشند، که لباس مخصوص جشن عروسی که پادشاه برای آنان در نظر گرفته بود را پوشیده باشند.

همینطور فقط آنانی می‌توانند روزی در بهشت باشند که عیسی آنها را برای آنجا مناسب دیده باشد. اینان افرادی هستند که عیسی، گناهانشان را بخشیده است.

۱. چرا خیلی از مهمانان به جشن عروسی نمی‌آیند؟
۲. پادشاه به جای آنان چه کسانی را دعوت می‌کند؟
۳. چه چیزی را مهمانان باید حتماً داشته باشند؟

ماجرای ده باکره

(متی ۲۵ : ۱-۱۳)

شاگردان عیسی با هیجان، حکایت عروسی را که عیسی تعریف می‌کند گوش می‌دهند: داماد می‌رود تا عروس خود را بیاورد. دوستانش او را همراهی می‌کنند. افراد دهکده با هیجان منتظر بازگشت آنها هستند. همچنین ده ندیمه هم در طول خیابان منتظر آنها می‌باشند. برای آنها افتخار بزرگی است که در عروسی حاضر شوند. شب فرامی‌رسد، چه خوب که ندیمه‌ها همگی چراغ نفتی همراه دارند که نور دهد. عروس و داماد کجا ماندند؟ دختران از انتظار خسته شده و به خواب فرومی‌روند. تنها نور آنها دیده می‌شود.

ناگهان آنها بیدار می‌شوند. یکی فریاد می‌زند: "داماد می‌آید! سریع چراغهایتان را بردارید و به پیشوازش بروید!" پنج نفر از دختران وحشت زده شدند، زیرا چراغهایشان خاموش شده بود و روغن اضافه هم ندارند. چقدر احمق بودند که روغن کافی با خود برنداشتند. آنها از پنج نفر دیگر خواهش می‌کنند: "کمی از روغن خود به ما بدهید". ولی آنها جواب می‌دهند: "خیر، اگر از روغن خود به شما بدهیم، نه برای ما کفایت می‌کند و نه برای شما. بهتر است بروید و برای خود روغن تهیّـه کنید". آنها باشتاب می‌روند که برای خود روغن بخرند. بقیه، چراغهای خود را برمی‌دارند و به عروسی می‌روند. در بسته می‌شود و هیچ‌کس دیگر اجازه ندارد داخل شود. حتّی آن پنج ندیمه. آنها دیر می‌رسند.

عیسی می‌گوید: "شما هم مثل آن پنج دختر دانا باشید که به موقع، روغن آماده کرده بودند".

ما باید تا دیر نشده به ایمان واقعی برسیم.

۱. چند نفر از دختران می‌خواهند به عروسی بروند؟
۲. چه چیزی را آن پنج دختر فراموش می‌کنند؟
۳. ما درباره چه چیزی قبل از اینکه دیر شود باید فکر کنیم؟

داستان دروغین سربازان

(متی ۲۷-۲۸)

عیسی مسیح جان خود را بر روی صلیب داد. دوستان، او را در قبر می‌گذارند. جلوی آن قبر یک سنگ بزرگی می‌غلطانند. دشمنان عیسی، فریسیان، مردّد هستند. آنها یادشان می‌آید که عیسی گفته بود، او پس از سه روز از مُردگان قیام خواهد کرد. دوستان عیسی می‌توانند استاد خود را بدزدند و به همه بگویند که او زنده است. بنابراین از پیلاطوس خواهش می‌کنند که از قبر، توسط سربازان زیادی نگهبانی شود. پیلاطوس هم سربازانی را کنار قبر می‌گذارد.

در روز عید پاک، زمین لرزه‌ای به وقوع می‌پیوندد. نور فراوانی می‌تابد. سربازان از ترس مثل مُرده به زمین می‌افتند. زنان، بر سر قبر می‌آیند و می‌بینند که آن باز است، داخل می‌شوند. آنها فریاد می‌زنند: "عیسی خداوند کجاست؟ او اینجا نیست!" فرشته‌ای ظاهر می‌شود و می‌گوید: "عیسی خداوند زنده است! او قیام کرده است. بروید و به شاگردان خبر دهید!" آن زنان، خوشحال از خبری که می‌شنوند، با عجلّه از آنجا دور می‌شوند.

در این بین سربازان به خود می‌آیند. بعضی‌ها به سوی شهر می‌دوند و اتّفاقی که افتاده است، برای کاهنان تعریف می‌کنند. آنها می‌گویند: "این پول را بگیرید و به همه بگویید که شاگردان، استاد خود را هنگامی که شما در خواب بودید، دزدیدند." آنها هم سریعاً این داستان دروغین را پخش می‌کنند. حتّی خیلی‌ها تا به امروز این را باور دارند. ولی واقعیّت این است که: عیسی، قیام کرده است! او زنده است، گرچه ما او را نمی‌بینیم.

۱. زنان، وقتی که بر سر قبر می‌آیند چه می‌بینند؟
۲. سربازان چه دروغی را پخش می‌کنند؟
۳. در واقعیّت امر، چه چیزی رخ داده است؟

دوست مفلوج

(مرقس ۲ : ۱-۱۲)

چهار نفر موفّق می‌شوند. آنها بالاخره با دوست مفلوج خود به جایی که عیسی هست می‌رسند. خانه‌ای که در آن عیسی درباره خداوند صحبت می‌کند، ازدحام مردم آنقدر زیاد است که راه عبور وجود ندارد. نزدیک بود آن افراد به خانه‌هایشان برگردند که ناگهان یکی از آنها ایده‌ای دارد. "بیائید و کمک کنید! هر کدام گوشه‌ای از رختخواب را بگیرید. ما دوستمان را به پشت بام حمل می‌کنیم". دوستان سرشان را به نشانه موافقت تکان می‌دهند. بنابراین آنها از پلّه‌هایی که به پشت بام می‌رود بالا می‌روند. یکی از دوستان شروع به کندن سوراخی در پشت بام می‌کند. طولی نمی‌کشد سوراخ بزرگی پدید می‌آید. آنها محتاطانه آن بیمار را با رختخوابش از آن سوراخ به پایین هدایت می‌کنند. اکنون او کنار پاهای عیسی قرار گرفته است.

عیسی می‌بیند که این مرد بیمار چطور ناراحت و درمانده است. او می‌خواهد او را دوباره خوشحال کند. بنابراین او ابتدا تمام گناهانی که باعث شده قلبش غمگین و آزرده باشد را می‌بخشد. سپس اتّفاق خارق العاده‌ای می‌افتد. عیسی آن مفلوج را شفا می‌دهد. او می‌تواند بایستد و راه برود. او با شادمانی رختخوابش را جمع می‌کند و می‌رود. معجزه برای او اتّفاق افتاده است.

بلی، درست است: عیسی پسر خداست! او قادر به انجام همه چیز است.

۱. چند نفر از دوستان، مفلوج را پیش عیسی می‌آورند؟
۲. چگونه آنها موفّق شدند بیمار را به اتاق بیاورند؟
۳. عیسی چطور به آن مفلوج کمک می‌کند؟

ماليات

لاوی باجگیر

(مرقس ۲ : ۱۳-۱۷)

یهودیان نمی‌توانند باجگیران را تحمّل کنند. آنها برای رومیان کار می‌کنند و اغلب، پول بیشتر از مجاز برای مالیات دریافت می‌کنند و باقیمانده پول را برای خودشان نگه‌می‌دارند و این دزدی بشمار می‌رود.

مردم از دست لاوی باجگیر هم عصبانی هستند. او هم مثل بقیه دزد است.

روزی عیسی از محلّ باج و خراج عبور می‌کند. او لاوی را که در آنجا نشسته است می‌بیند و می‌داند که چه چیزی مدّتهاست او را نگران کرده است. این مرد می‌خواهد زندگیش را عوض کند، به حقّـه بازی پایان دهد ولی او راهش را نمی‌داند. گناهانش باعث عذاب وجدان او شده‌اند.

ناگهان عیسی به او می‌گوید: "بیا، مرا دنبال کن!" لاوی بلافاصله بلند می‌شود و به دنبال او می‌رود. آیا او منتظرش بود؟ او دیگر نمی‌خواهد مردم را فریب دهد، بلکه می‌خواهد آنطور زندگی کند که عیسی دوست می‌دارد. لاوی از عیسی خیلی سپاسگزار است. او عیسی و شاگردانش را برای خوردن غذا دعوت می‌کند. همچنین باجگیران دیگر نیز دعوت شده‌اند. آنها باید بشنوند که چطور پسر خداوند گناهکاران را هم دوست می‌دارد. آنها نیاز دارند بشنوند، چکار کنند تا قلب پاکی داشته باشند.

۱. چرا یهودیان نمی‌توانند باجگیران را تحمّل کنند؟
۲. چه کسی می‌خواهد به لاوی کمک کند؟
۳. عیسی چه می‌گوید، و لاوی چطور رفتار می‌کند؟

در دریای طوفانی

(مرقس ۴ : ۳۵-۴۱)

"محکم بگیرید! خودتان را محکم بگیرید!" شاگردان با وحشت، خودشان را به لبه کشتی می‌چسبانند. آنها تا به حال چنین طوفانی را ندیده بودند. این یکی از خطرناکترین طوفانهاست. دریای آرام جنیسارت، برای آنها دیگر غیرقابل شناختن است. امواج غول‌آسایی بطرف آنها می‌آید. شاگردان ناامید هستند. چرا عیسی هنوز خواب است؟ آنها تا لحظه‌ای دیگر غرق خواهند شد.

آنها با داد وفریاد بلند، عیسی را بیدار می‌کنند: "استاد، اصلاً نگران نیستید که ما داریم غرق می‌شویم؟" عیسی فوراً بلند می‌شود، طوفان را تهدید می‌کند و به امواج دستور می‌دهد: "ساکت ! آرام شو!".

ناگهان دریا بطور کامل آرام می‌شود. او از شاگردان می‌پرسد: "چرا اینقدر ترسیدید؟ فراموش کردید وقتی که من با شما هستم غرق نخواهید شد؟"

بله، شاگردان در هنگام ترس به آن فکر نکرده بودند که عیسی می‌تواند هرگونه مشکلی را حل کند. چقدر او قوی و قادر است! حتّی طوفان و امواج از او اطاعت می‌کنند.

۱. چرا شاگردان می‌ترسند؟
۲. عیسی به طوفان چه می‌گوید؟
۳. شاگردان از این واقعه چه چیزی را یاد می‌گیرند؟

دخترک بیمار در حال مرگ

(مرقس ۵ : ۲۱-۲۴ ؛ ۵ : ۳۵-۴۳)

یایروس، سرپرست عبادتگاه یهودیان، در حالی که ناراحت است خانه را ترک می‌کند. یگانه دختر او بیمار و در حال مرگ است. چه خوب که عیسی در کفرناحوم است. او باید به آن دختر کمک کند!

عدهٔ زیادی از مردم، نزد او گرد آمده‌اند. یایروس موفّق می‌شود او را ملاقات کند. او به پاهایش می‌افتد و التمّاس می‌کند: "استاد، با من به خانه‌ام بیا. دخترم آنقدر بیمار است که هر آن ممکن است بمیرد". عیسی می‌خواهد با او برود، ولی فشار و ازدحام جمعیّت، حرکت او را کند می‌کند.

ناگهان یایروس خبر ناراحت کننده‌ای را می‌شنود: "دخترت مُرده است. دیگر لازم نیست که استاد بیاید!".

یایروس مبهوت می‌شود. البتّه عیسی او را دلداری می‌دهد: "نترس! به من ایمان داشته باش و دخترت نجات پیدا خواهد کرد". یایروس می‌خواهد باور کند.

وقتی که عیسی وارد خانه‌اش می‌شود و این همه گریه و شیون را می‌شنود، می‌گوید: "گریه نکنید!" او همه آنها را از خانه بیرون می‌کند. تنها والدین، پطرس ، یعقوب و یوحنّا اجازه دارند نزد او بمانند. عیسی دست دختر را می‌گیرد و می‌گوید: "دخترم، بلند شو!" آن دختر چشمانش را باز می‌کند.

او دوباره زنده است و می‌تواند بلند شود. چه سعادتی!

پسر خدا معجزه کرد. او بر مرگ غالب است.

۱. چرا یایروس اینقدر ناراحت است؟
۲. چرا یایروس نزد عیسی می‌رود؟
۳. چرا عیسی می‌تواند آن دختر را دوباره زنده کند؟

کر و لال

(مرقس ۷ : ۳۱-۳۷)

"شنیده‌ای؟ عیسی در شهر است!" و مردم به استقبال عیسی می‌دوند. فقط یک نفر نمی‌داند که چه خبر است. او نمی‌شنود و هیچ نمی‌فهمد. این مرد کر و لال است. او هیچوقت درست صحبت کردن را یاد نگرفته است.

البتّـه چند نفر از دوستان، او را با خود، پیش عیسی می‌برند و از او خواهش می‌کنند: "آقا، این مرد را شفا بده!" عیسی می‌بیند که چطور آن مرد درمانده و متأسف است که او این چنین بیمار است. عیسی او را به کنار می‌کشد تا با او تنها باشد. آیا این مرد می‌داند که نجات دهنده جهان، پسر خدا، جلوی او ایستاده است؟ عیسی گوش و زبان آن مرد را لمس می‌کند، به آسمان نگاه می‌کند و صدا می‌زند: "هپاتا!" یعنی "باز شو!"

در همان لحظه آن مرد، با خوشحالی فریاد می‌زند: "من می‌توانم بشنوم! من می‌توانم صحبت کنم!" مردمی که آنجا هستند از خود می‌پرسند: "این چطور ممکن است؟ او با جمله‌های صحیح صحبت می‌کند". آنها با شادی فراوان صدا می‌زنند: "این کار را عیسی کرد! او نجات دهنده است. او حتّی کاری می‌کند که ناشنوایان بتوانند بشنوند و لالها صحبت کنند."

قطعاً آن مرد عیسی را هرگز فراموش نکرده است. حتماً او در اغلب دعاهایش از او تشکر کرده است.

۱. کر و لال بودن چه معنی دارد؟
۲. عیسی آن مرد کر و لال را چگونه شفا می‌دهد؟
۳. مردم درباره شفای آن مرد چه می‌گویند؟

عیسی و بچّه‌ها

(مرقس ۱۰ : ۱۳-۱۶)

یک روز کاری شلوغ به پایان می‌رسد. عیسی به بسیاری از مردم کمک کرده است. اکنون هم فریسیان می‌آیند. عیسی با آنان مفصل درباره مسائل مهّم زندگی صحبت می‌کند.

آنجا را ببین! اکنون بچّه‌ها می‌خواهند پیش او بیایند. بچّه‌هایی که دست مادرشان را گرفته‌اند و بعضی‌ها در آغوش مادرانشان هستند. عیسی همچنان باید علاقه‌اش را به آنان نشان دهد و با آنها دعا کند. مادرها از او می خواهند تا او برای بچّه‌های کوچک نیز وقت بگذارد. ولی شاگردانی که با عیسی هستند مخالفت می‌کنند. به نظر آنها عیسی کارهای واجب‌تری برای انجام دادن دارد. بعلاوه آنها فکر می‌کنند که بچّه‌ها هنوز کوچکتر از آن هستند که درک کنند عیسی چه می‌گوید. شاگردان می‌خواهند که آنها را به عقب برانند. وقتی که عیسی متوجّه می‌شود آزرده می‌گردد. او نمی‌خواهد که بچّه‌ها به بیرون فرستاده شوند. او از آنها می‌خواهد که پیش او بیایند. او برای تک تک آنها وقت دارد و همه بچّه‌ها را از کوچک تا بزرگ، دوست دارد. او با صدای محکم به شاگردان می‌گوید: "بگذارید بچّه‌ها پیش من بیایند، مانع آنها نشوید!".

شاگردان وحشت می‌کنند، آنها می‌دانند که رفتار درستی انجام نداده‌اند. آنها همچنین می‌بینند که چطور عیسی بچّه‌ها را دوست دارد. او به آنها نگاه می‌کند، گوش می‌دهد و آنها را درک می‌کند. او آنها را بغل می‌کند، به خود می‌فشارد و آنها را برکت می‌دهد.

این چقدر خوب است! عیسی تو را هم دوست دارد!

۱. مادران با بچّه‌هایشان، از عیسی چه می‌خواهند؟
۲. شاگردان چه رفتاری را نشان می‌دهند؟
۳. عیسی چه می‌گوید و چکار می‌کند؟

گدای کور

(مرقس ۱۰ : ۴۶-۵۲)

"عیسی، پسر داود، به من رحم کن"!

بارتیمائوس نابینا، آنچنان با صدای بلند فریاد می‌زند که همه آنانی که از آنجا عبور می‌کنند، می‌شنوند. بعضی‌ها به او ناسزا می‌گویند. او باید ساکت شود.

بارتیمائوس شنید که قرار است عیسی از آنجا عبور کند. بارتیمائوس به عنوان نابینا، همیشه به رحمت و کمک دیگران وابسته است. او هر روز در جاده‌ای که به اریحا ختم می‌شود می‌نشیند و گدایی می‌کند تا بتواند با آن پول، کمی برای خود خوراکی تهیّـه کند. او هرگز آفتاب، ابرها و ستارگان را نمی‌بیند. او هرگز نمی‌تواند برای گلها شادی کند. او هرگز نمی‌تواند مثل مردمان دیگر کار کند. همیشه دور تا دور او مثل شب تاریک است. "عیسی، پسر داود به من کمک کن!" او همینطور به فریادزدن ادامه می‌دهد. او می داند، عیسی تنها کسی است که می‌تواند به او کمک کند.

و واقعاً! عیسی می‌ایستد و می‌گذارد که بارتیمائوس را نزد او بیاورند. او فریادش را می‌شنود. بارتیمائوس از او تقاضا می‌کند: "استاد عزیز! کمکم کن تا بتوانم ببینم!".

عیسی بارتیمائوس را دوست می‌دارد، زیرا او ایمان قوی دارد که عیسی می‌تواند کمکش کند. به این دلیل او را شفا می‌دهد. ناگهان بارتیمائوس می‌تواند ببیند. او عیسی، آفتاب، گلها و مردم را می‌تواند ببیند. او از شادی عظیم و شکرگزاری پرمی‌شود. او آنچه عیسی می‌تواند برایش انجام دهد را تجربه کرد.

۱. آن نابینا در اریحا چه نام دارد؟
۲. بارتیمائوس چگونه توجّـه عیسی را به خود جلب می‌کند؟
۳. عیسی کدام خواهش بارتیمائوس را برآورده می‌کند؟

بیوه فقیر

(مرقس ۱۲ : ۴۱-۴۴)

این خواست خداوند است که هرکس قسمتی از اموال و دارائی‌اش را به معبد بدهد. یکروز عیسی نظاره‌گر افرادی است که پولشان را داخل صندوق می‌اندازند. او مشاهده می‌کند که بعضی از ثروتمندان، حتّی پول بیشتری داخل صندوق می‌اندازند. آنها به طریقی این کار را انجام می‌دهند که همه اطرافیان این را ببینند.

سپس یک بیوه زن فقیری می‌آید. او چیزی در بساط ندارد. شوهرش فوت کرده است. او دیگر قادر به حمایت از زنش نیست. این بیوه زن دوسکه آخری که داشت، داخل صندوق می‌اندازد. پیشکش او در مقایسه با سکه‌های طلائی که ثروتمندان دادند هیچ است.

چه چیزی عیسی را بیشتر خوشحال نمود؟ واضح است: دادن دوسکه آن زن فقیر برای کار خداوند. در صورتی که استفاده از آن پول برای خود او خیلی واجب بود.

عیسی به شاگردان می‌گوید: "این بیوه فقیر از بقیه بیشتر داد. او هر چه که داشت داد. دولتمندان فقط کمی از ثروت خود را دادند".

بنابراین مقدار پول مهّم نیست، بلکه مهّم این است که ما آن را از صمیم قلب و علاقه بدهیم. این قشنگتر نیست که ما برای عشق به خداوند از شیرینی‌های خوشمزه بگذریم و آن را در راه خداوند بدهیم؟

۱. بیوه زن فقیر چه مقدار پول به صندوق معبد می‌اندازد؟
۲. چرا آن بیوه فقیر می‌تواند فقط کمی پول بدهد؟
۳. چرا عیسی از هدیه پولی بیوه زن خوشحال می‌شود؟

عیسی در باغ جتسیمانی

(مرقس ۱۴ : ۳۲-۶۵)

عیسی بارها گفته است که روزی برای تمامی گناهانی که افراد شرور بر روی زمین انجام می‌دهند، خواهد مُرد. او می‌داند که موعد آن رسیده است. حالا او احتیاج به تسلّی با دعا دارد. او به باغ جتسیمانی می‌رود. در آنجا آرام است. او سه نفر از شاگردان، پطرس، یعقوب و یوحنّا را هم با خود می‌برد. آنها قرار است در نزدیکی او بیدار و در دعا باشند. عیسی برای مدّت طولانی با پدر خود صحبت می‌کند: "ای پدر حالا که قرار است من بمیرم، پس آماده‌ام که اراه تو انجام شود".

ناگهان صداهایی در باغ می‌پیچد. آنها این صداهای نامفهوم را می‌شنوند و روشنایی مشعلها را می‌بینند. یهودا، یکی از شاگردان او، از گروه مردان جدا شده به جلو می‌دود و به آنان نشان می‌دهد که عیسی چه کسی است و کجاست.

خیلی از یهودیان، فریسیان و کاتبان نمی‌توانند عیسی را تحمّل کنند. زیرا او به آنان می‌گوید که آنها در مقابل خداوند گناهکار هستند. بنابراین آنها موفّق می‌شوند راهی را پیدا کنند که عیسی را به عنوان جنایتکار دستگیر کنند.

او محکوم می‌شود، زیرا او خودش می‌گوید که پسر خداست. او بر روی صلیب، واقع در جلجتا برای تمامی گناهان جهان مُرد. چه خوب که عیسی در مرگ نماند. خداوند او را دوباره زنده کرد. او زنده است!

۱. عیسی برای دعا به کجا می‌رود؟
۲. چرا عیسی برای مرگ آماده است؟
۳. تو از مرگ عیسی چه می‌دانی؟

عیسی زنده است

(مرقس ۱۵ : ۴۶ ؛ ۱۶ : ۸)

دوستان و نزدیکان عیسی، جسد عیسی را در مقبره سنگی گذاشتند. این قبر یک غار عمیق در صخره است. یک سنگ بزرگ نیز در جلوی در قبر غلطانیدند.

هنوز اوّل صبح است که چند تن از زنان به سوی قبر راه می‌افتند. آنها می‌خواهند جسد عیسی را معطّر سازند. این عمل در اسرائیل معمول است. "چه کسی این سنگ بزرگ را برای ما کنار می‌زند؟" این مسئله زنان را نگران می‌کند. وقتی که آنها نزدیکتر می‌شوند، متوجّه می‌شوند که: سنگ، جابجا شده است. عجیب است. البتّه آنها نمی‌دانند که فرشته خدا این کار را انجام داده است. آنها با احتیاط تمام، داخل قبر می‌شوند. ولی آنها چه می‌بینند؟ قبر خالی است.

ناگهان فرشته‌ای که در جلوی ورودی قبر نشسته است با آنها صحبت می‌کند: "نترسید! عیسی مصلوب شده اینجا نیست. او قیام کرده است، همانطور که او گفته بود. بیایید و ببینید، اینجا خوابیده بود!".

زنان شگفت‌زده نتوانستند چیزی بگویند. بلی، قبر واقعاً خالی است! عیسی دیگر آنجا نیست!

"بسرعت نزد شاگردان بروید". فرشته ادامه می‌دهد: "و به آنها بگوئید که خدا، عیسی را دوباره زنده کرده است!"

زنان، با سرعت هر چه تمامتر به سوی بیت‌المقدّس می‌دوند. "او زنده است! عیسی زنده است! قبر خالی است! یک فرشته این را به ما گفت، او قیام کرده است!" شاگردان بهت‌زده می‌شوند.

۱. چه کسی صبح زود عید پاک، بر سر قبر عیسی می‌رود؟
۲. زنان در قبر عیسی، چه چیزی را کشف می‌کنند؟
۳. بعد از اینکه فرشته با زنان صحبت می‌کند، آنها به کجا می‌روند؟

یوحنّا متولّد می‌شود

(لوقا ۱ : ۵-۲۵؛ ۱ : ۵۷-۸۰)

زکریا و همسرش الیزابت خیلی پیر هستند. آنها احکام خداوند را همیشه نگه داشته‌اند. آنها فرزندی ندارند و از این بابت بسیار غمگین هستند.

زکریا کاهن است. او سالی دو بار برای هشت روز به دلیل اینکه خدا را در معبد خدمت کند به بیت‌المقدّس می‌رود.

یک روز ضمن خدمت در معبد، ناگهان فرشته خداوند نزدیک قربانگاه می‌ایستد. زکریا خیلی وحشت می‌کند. فرشته شروع به صحبت می‌کند: "زکریا، نترس، دعایت مستجاب شد. همسرت صاحب پسری خواهد شد. او باید یوحنّا نامیده شود. وقتی که او بزرگ شود به مردم خواهد گفت که عیسی بزودی می‌آید". زکریا نمی‌تواند آنچه را که می‌شنود باور کند. فرشته می‌گوید: "چون تو مرا باور نمی‌کني، تا زمانی که بچّه نامش را دریافت نکند، تو قادر به صحبت کردن نخواهی بود."

بعد از مدتّی همسرش واقعاً حامله می‌شود. پسری به دنیا می‌آید. والدینش بسیار خوشحال هستند. امّا زکریا هنوز لال است. او روی تخته‌ای می‌نویسد که اسم پسرش یوحنّا است. این مسئله برای فامیل و همسایه عجیب به نظر می‌رسد. چون رسم است که یک نوزاد نام یکی از افراد فامیل را به خود بگیرد.

۱. نام پسر زکریا و الیزابت چه خواهد بود؟
۲. چرا زکریا لال می‌شود؟
۳. وقتی یوحنّا بزرگ می‌شود پیام او به مردم چه خواهد بود؟

مریم یک خبر عالی دریافت می‌کند

(لوقا ۱ : ۲۶-۳۸)

مریم در خانه تنها است. ناگهان جبرائیل فرشته در مقابلش ظاهر می‌شود و می‌گوید: "نترس مریم، خداوند با تو خواهد بود. تو پسری به دنیا خواهی آورد و نامش را عیسی خواهی نهاد. او پسر خداوند خواهد بود و مردم را از گناهان آزاد خواهد کرد!".

مریم حیرت‌زده از فرشته می‌پرسد: "این چطور امکان پذیر است، من هنوز ازدواج نکرده‌ام؟". فرشته جواب می‌دهد: "خداوند خودش این معجزه را برای تو مهیّا خواهد ساخت".

وقتی که مریم این را شنید که خداوند به الیزابت، خویشاوندش، با اینکه خیلی پیر شده است، وعده پسری داده است موضوع را بهتر درک کرد: اینک موعدش رسیده است. خداوند می‌خواهد پسرش را به این دنیای گناه آلود بفرستد.

مریم با احترام جواب می‌دهد: "بلی، من تنها خواست خداوند را بجا می‌آورم. همانطور که تو گفتی واقع شود". ناگهان فرشته ناپدید می‌شود. مریم بسیار خوشحال است. او مادر عیسی خواهد شد. عیسی منجی جهان است. او مردم را از تمامی گناهانشان آزاد خواهد ساخت. این پیغام شگفت انگیز و شادی بخش، نه تنها برای مریم، بلکه برای تمامی مردم است.

۱. فرشته به مریم چه می‌گوید؟
۲. مریم به فرشته برای آن خبر شگفت‌انگیز چه جوابی می‌دهد؟
۳. چرا خداوند فرزندش را به این دنیا می‌فرستد؟

عیسی خداوند متولّد می‌شود

(لوقا ۲ : ۱-۲۰)

امپراطور اوغسطس فرمانروای باقدرتی است. بسیاری از مردم باید از او اطاعت کنند. او اکنون می‌خواهد تعداد افراد تحت حکومت خود را بداند. او دستور می‌دهد که برای سرشماری، همه به زادگاه خود بروند و در آنجا اسم نویسی کنند. مریم و یوسف از ناصره، از طریق صحرا و کوهستان به بیت لحم می‌روند تا در آنجا ثبت نام کنند. مریم منتظر تولّد کودکش است. فرشته خداوند، چند ماه پیش به او گفته بود که این کودک منجی مردم خواهد بود.

آنها برای خوابیدن دنبال جایی می‌گردند، ولی پیدا نمی‌کنند تا سرانجام اجازه خوابیدن در یک آغل را پیدا می‌کنند و مریم کودک خود را در آنجا به دنیا می‌آورد و او را عیسی می‌نامند.

چوپانان، گوسفندان خود را در مزرعه‌ای در آن نزدیکیها می‌چرانند. ناگهان نوری که باعث ترس آنان می‌شود را می‌بینند. فرشته به آنها ظاهر می‌شود و می‌گوید که نترسید. در جایی، نه خیلی دورتر از شما، پسر خداوند به دنیاآمده است. آنها جستجو می‌کنند و کودک ر ا در آغل پیدا می‌کنند که در قنداقی پیچیده شده است. چوپانان خوشحال می‌شوند و آنچه دیده و تجربه کرده‌اند برای همه بازگو می‌کنند. آنها خدا را حمد می‌گویند و به سوی گلّه برمی‌گردند.

بالاخره وعده‌ای که خداوند مدّتها پیش به مردم داده بود به حقیقت پیوست: **نجات دهنده جهان متولّد شده است!**

ما هم باید شادی کنیم چون عیسی به این جهان آمده است.

۱. چرا باید مریم و یوسف به بیت لحم بروند؟
۲. چه کسی در بیت لحم به دنیا خواهد آمد؟
۳. عیسی چه کسی است؟

در جستجوی پسر
(لوقا ۲ : ۴۱-۵۲)

خیابانی که به سوی اورشلیم منتهی می‌شود، خیلی شلوغ است. مردم گروه گروه به طرف شهر می‌روند. مردان، زنان و بچّه‌ها. یوسف، مریم و عیسی دوازده ساله هم در میان آنان هستند. او اکنون به اندازه کافی بزرگ است که با پدر خود در برنامه‌های عبادتی معبد شرکت کند. او از این بابت خیلی خوشحال است.

خیلی زود عید پسح در اورشلیم به پایان می‌رسد. مسافران از عبادت خداوند خشنود و راضی هستند. بلی، خداوند زنده، بزرگ و متعال است! یوسف و مریم در راه بازگشت به خانه هستند. امّا عیسی همراه آنان نیست. یوسف زنش را تسلّی می‌دهد: "او حتماً نزد دوستانش است". کم‌کم تاریک می‌شود و عیسی هنوز پیدا نشده است. حالا والدینش خیلی نگران هستند. هیچ‌کس نمی‌داند که او کجاست. کسی او را ندیده است. یوسف و مریم به همدیگر می‌گویند: "ما باید دوباره به اورشلیم برگردیم، شاید او هنوز درآنجاست". آنها سه روز تمام دعا می‌کنند، جستجو می‌کنند، سؤال می‌کنند. عیسی پیدا شدنی نیست. سرانجام او را در معبد می‌یابند. وقتی که عیسی شنید که چطور والدینش ناامیدانه به دنبالش می‌گردند، می‌گوید: "نمی‌دانید که من باید به کارهای پدرم که در آسمان است رسیدگی کنم؟" عیسی با رهبران دینی و علماء درباره خدا، پدر واقعیش گفتگو می‌کرد.

عیسی پسر مطیعی است. او بلافاصله با یوسف و مریم، عازم خانه در ناصره می‌گردد. اطاعت او، باعث خوشحالی آنان می‌گردد.

عیسی چند ساله است؟
والدین، کجا عیسی را پیدا کردند؟
وقتی که عیسی به پدر خود اشاره می‌کند منظورش چه کسی است؟

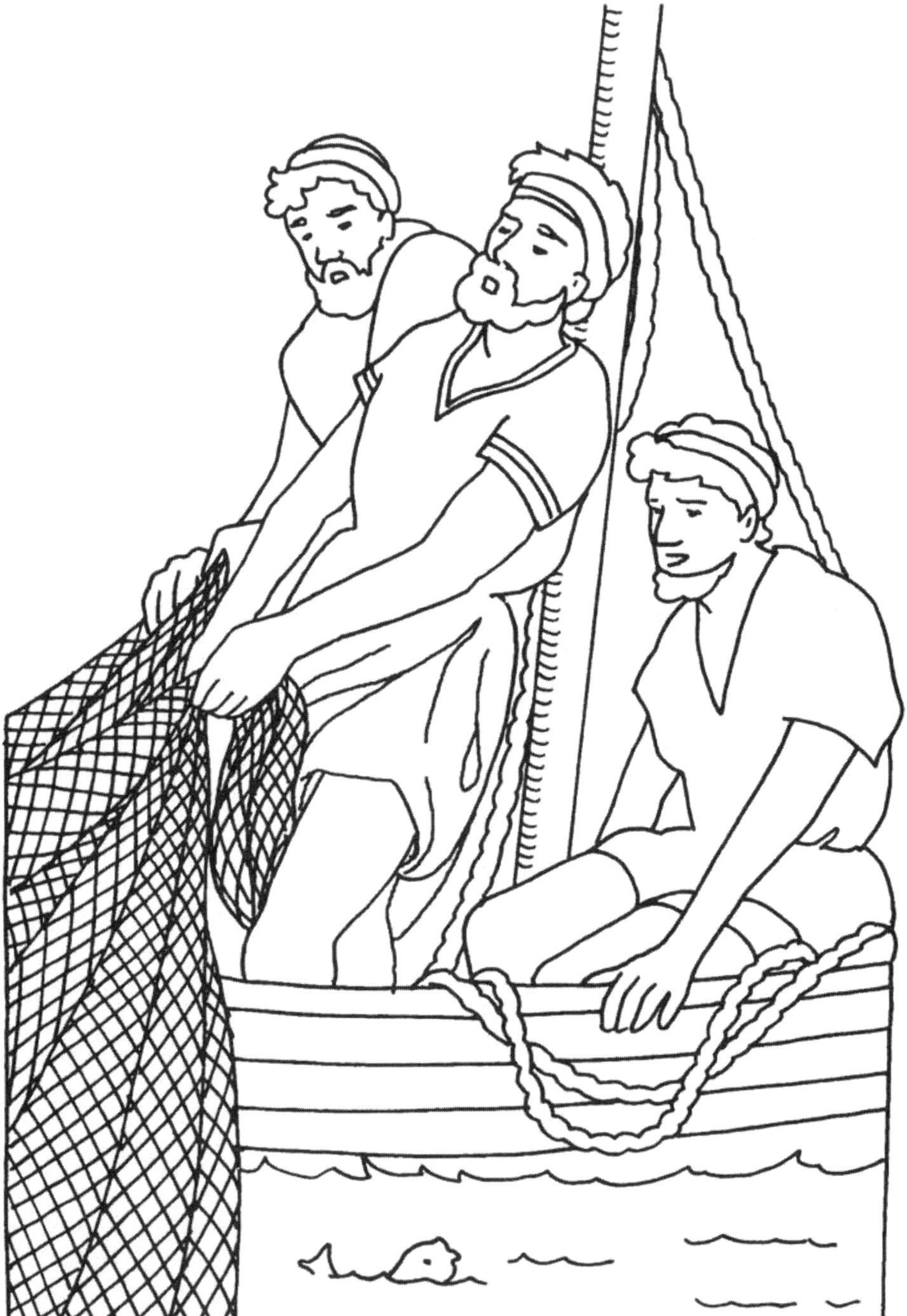

ماهیگیری بزرگ

(لوقا ۵ : ۱-۱۱)

عیسی اغلب به دریا می‌رود. آنجا همیشه شلوغ است. امروز هم دوباره ازدحام زیادی برپاست. همه می‌خواهند او را ببینند و به او گوش دهند. ناگهان عیسی سوار قایق پطرس می‌شود. او می‌خواهد چکار بکند؟ او به پطرس می‌گوید: "کمی به طرف دریا پارو بزن". پطرس سرش را تکان می‌دهد. او می‌داند که عیسی می‌خواهد چکار کند. پطرس قایقش را در جای مناسبی می‌برد. از اینجا هرکسی می‌تواند عیسی را ببیند و صدای او را بشنود.

آنها با دقّت به آنچه عیسی درباره خداوند بزرگ و متعال می‌گوید و همچنین چطور شرارت را از قلبهایشان بیرون کنند، گوش می‌دهند.

وقتی که عیسی صحبتش را تمام می‌کند، از پطرس می‌خواهد: "حالا کشتی را به طرف دریا ببر و تور را به دریا بینداز". پطرس که یک ماهیگیر با تجربه است، می‌گوید: "استاد، ما تمام شب را ماهیگیری کردیم و هیچ صید نکردیم! ولی وقتی که تو می‌گویی، من تور را دوباره به دریا می‌اندازم". تور هنوز به آب نرسیده بود که سریع فرومی‌رود. پطرس تلاش می‌کند که بالا بکشد ولی نمی‌تواند. "تمام تور پر از ماهی است!" او فریاد می‌زند: "سریعتر بیائید و کمکم کنید!"

پطرس، تحت تاثیر قرار می‌گیرد. چقدر عظیم و قادر است عیسی، پسر خدا! پطرس جلوی او می‌افتد و زانو می‌زند. "استاد، من لایق تو نیستم. من انسان گنهکاری هستم!" عیسی او را دلداری می‌دهد. او می‌خواهد که پطرس کاملاً به او متعهد باشد و مردم را برای خدا صید کند.

۱. چرا عیسی سوار قایق پطرس می‌شود؟
۲. چرا پطرس برای صید ماهی به دریا می‌رود، با اینکه تمام شب چیزی صید نکرده بود؟
۳. چرا پطرس جلوی عیسی به زانو در می‌آید؟

غلام بیمار در حال مرگ

(لوقا ۷ : ۱-۱۰)

باورم نمی‌شود! "غلام من دوباره سلامت است! غلام بیمار من ،که در حال مرگ بود، دوباره سلامت است!" افسر رومی بسیار هیجان‌زده است و می‌خواهد همه از اتّفاقی که افتاده است مطلع شوند.

غلام او سخت بیمار بود. افسر رومی می‌ترسید که او بمیرد. او به سرعت پیش دوستان یهودی‌اش رفت و از آنان خواست: "از عیسی بپرسید که آیا او نمی‌تواند به غلام من کمک کند!" دوستان او هم این کار را کردند.

آیا عیسی حاضر بود بیاید؟ بلی، او بلافاصله راه افتاد.

ولی افسر به پیشواز او نرفت. او فقط سفارش کرد که به او بگویند: "تمنّا می‌کنم به خانه من نیا، زیرا من ارزش این را ندارم. فقط یک کلمه بگو و غلام من شفا پیدا خواهد کرد."

عیسی تحت تاثیر حرف و ایمان قوی این افسر قرار گرفت. او گفت: "من اینطور ایمان در سراسر اسرائیل پیدا نکرده‌ام!"

وقتی که دوستان افسر به خانه‌اش آمدند، غلام بهبود یافته بود. عیسی بدون گفتن کلامی در او معجزه کرده بود.

همچنین تو هم می‌توانی به عیسی بگویی که چقدر او را دوست داری و به او اعتماد می‌کنی. او از این بابت بسیار خوشحال می‌شود.

۱. چه کسی بسیار غمگین است؟
۲. چرا عیسی نمی‌بایست به خانه افسر بیاید؟
۳. چند کلمه باید عیسی بگوید تا غلام افسر دوباره سلامت گردد؟

یک جوان مُرده دوباره زنده می‌گردد

(لوقا ۷ : ۱۱-۱۷)

در مسیر قبرستان، جنازه‌ای تشییع می‌شود. مرگ همیشه وحشتناک است، بخصوص این بار، بسیاری از مردم شهر غمگین هستند: پسر یگانه مادری که شوهر هم نداشت، مُرده است. اکنون او کاملاً تنها می‌باشد. به این خاطر گروه بزرگی از همسایه‌ها و دوستان او را تا قبرستان همراهی کرده و با او گریه می‌کنند.

در لحظه‌ای که همه چیز مأیوس‌کننده بنظر می‌رسید، مردی به آن زن نزدیک می‌شود و می‌گوید: "گریه نکن" مردم با تعجب نگاه می‌کنند که چطور او به طرف تابوت می‌رود و به جوان می‌گوید: "جوان برخیز!" و آن جوان واقعاً بلند می‌شود و حتّی شروع به صحبت کردن می‌نماید. مادرش ،بینهایت خوشحال، او را در بغل می‌گیرد.

چه کسی این معجزه را کرد؟ او عیسی است. او می‌تواند کارهایی را انجام دهد که فقط خدا قادر است. مردم او را یک پیغمبر بزرگ می‌دانند ولی او پسر خداست. او می‌خواهد به همه نشان دهد: من از مرگ قویتر هستم، من حیات هستم! نزد من بیایید، من به شما حیات جاودانه خواهم بخشید. آن چیزی است که شما برای زندگی مجدد در بهشت به آن احتیاج دارید.

عیسی به مادر غمگین کمک کرد. مردم خیلی خوشحال هستند و خدا را شکر می‌گویند.

۱. چرا این زن، به گونه وصف ناپذیری غمگین است؟
۲. عیسی به زن غمگین چه می‌گوید؟
۳. عیسی به جوان مُرده چه می‌گوید؟

کمک دوستانه یک شخص

(لوقا ۱۰ : ۲۵-۲۷)

"کمک، کمک!" مردی که بر زمین افتاده است ناامیدانه تلاش می‌کند. او مورد حمله راهزنان قرار گرفته است. آنها او را کتک زده، همه دارایی او را برداشته و ناپدید شده‌اند. آنها آن مرد بیچاره را نیمه جان در جاده رها کرده‌اند.

او ناامیدانه فکر می‌کند: "وقتی هیچ‌کس به من کمک نکند، خواهم مُرد!" آه، این چیست؟ او صدای پایی را می‌شنود! مردی می‌آید. او کاهن است. به سرعت از کنار مرد زخمی رد می‌شود. او نمی‌خواهد به او کمک کند.

مرد دیگری از راه می‌رسد. او یک لاوی است. او در معبد اورشلیم کار می‌کند. "او حتماً به من کمک خواهد کرد." مجروح امیدوار است، ولی آن لاوی به او توجّه نمی‌کند و از کنار او رد می‌شود.

مجروح به خود می‌گوید: "حالا دیگر من حتماً می‌میرم." یک نفر هم می‌آید. یک سامری. "این مردمان دشمنان ما هستند. او حتماً به من کمک نخواهد کرد." آن مرد دیگر هیچ امیدی ندارد. البتّه آن سامری او را بلند می‌کند. زخمهایش را می‌بندد و او را به یک مهمانخانه می‌برد. اینجا از این مرد مجروح بخوبی مراقبت می‌شود تا خوب شود.

چه خوب، مردمی هستند که به دیگران کمک می‌کنند. ما هم می‌خواهیم این کار را انجام دهیم. شاید بچّه‌ای باشد، که هیچ‌کس او را نمی‌تواند تحمّل کند. این فرصت خوبی است که به او کمک کنیم. این کار واقعاً خشنود کننده است.

۱. چه کسانی مجروح را بدون هیچ کمکی به حال خود رها می‌کنند؟
۲. چه کسی به مرد مجروح کمک می‌کند؟
۳. آن سامری، چگونه به مرد مجروح کمک می‌کند؟

خواهران متفاوت

(لوقا ۱۰ : ۳۸-۴۲)

"مریم، فکرش را بکن عیسی پیش ما می‌آید!" مارتا کاملاً هیجان زده است. با خوشحالی غذا را آماده می‌کند تا از عیسی و شاگردان پذیرایی نماید. او مشتاقانه این طرف و آنطرف می‌دود و حسابی عرق کرده است. در این میان عیسی وارد می‌شود ولی مارتا فرصت ندارد که در کنار او بنشیند و به صحبت‌هایش گوش دهد.

لحظه‌ای بعد، وقتی که او وارد اتاق می‌شود، شدیداً عصبانی می‌گردد. "اینطور بی‌عدالتی! آنجا خواهر من نشسته و با خیال راحت به صحبتهای عیسی گوش می‌دهد. چرا عیسی چیزی نمی‌گوید؟ چرا من باید به تنهایی تمامی کارها را انجام دهم؟"

با ناراحتی و ملامت به عیسی می‌گوید: "استاد، برای تو هیچ مهّم نیست که خواهر من به من کمک نمی‌کند؟ او انجام تمام کارها را به عهده من گذاشته است. به او بگویید که او هم باید کمی کار کند!"

عیسی چیزی کاملاً غیرمنتظره به او می‌گوید: "مارتا، مارتا، تو بی‌جهت نگران چیزهایی هستی که در حقیقت آنچنان هم مهّم نیستند. به مریم نگاه کن. او کار درستی کرد. او بادقّت به من گوش کرد، وقتی که من از خدا صحبت می‌کردم."

تو هم کار درستی می‌کنی وقتی مادرت برای تو از کتاب مقدّس کودکان می‌خواند و یا داستانهای کتاب مقدّس را تعریف می‌کند، گوش می‌دهی.

۱. نام دو خواهر چیست؟
۲. چرا مارتا اینطور عصبانی است؟
۳. چرا مریم کار درستی انجام می‌داد؟

گریز از خانه

(لوقا ۱۵ : ۱۱-۳۲)

پدر، با اندوه، پشت سر پسرش نگاه کرد. او نمی‌خواست بیش از این در خانه نزد پدر بماند. او رفت، زیرا فکر می‌کرد جای دیگر برایش خیلی بهتر خواهد بود. او می‌خواهد هر کاری را که دلش خواست، انجام دهد.

او تمام دارایی خود را برمی‌دارد و آنچه دلش می‌خواهد، می‌خرد. او سریعاً دوستانی پیدا می‌کند و آنها را به جشن بزرگی دعوت می‌کند.

روزی پولهایش تمام می‌شود و مرد جوان هیچ چیز برای خوردن ندارد. حالا دیگر دوستانش هم نمی‌خواهند درباره او چیزی بدانند. هیچ‌کس به او کمک نمی‌کند.

کشور را فقر فراگرفته است. مرد جوان باید گدایی کند. سرانجام او پیش یک کشاورز کار پیدا می‌کند. او باید از خوکها مراقبت کند. این یک شغل کثیفی است. حال پسر اصلاً خوب نیست. لباسهایش پاره شده‌اند، او خیلی گرسنه است، تنهاست و از خانه خیلی دور است. او فکر می‌کند که رفتنش از پیش پدرکار احمقانه‌ای بود. به این خاطر می‌خواهد که برگردد و از پدرش عذرخواهی کند. این بهترین کاری است که او می‌تواند انجام بدهد.

پدرش منتظر او بود و از برگشتنش خوشحال می‌شود. وقتی که پسر عذرخواهی می‌کند، پدر صمیمانه او را می‌بخشد، زیرا خیلی دوستش دارد.

دقیقاً خدا هم به همین شکل ما را دوست می‌دارد. وقتی که کار اشتباهی می‌کنیم می‌توانیم از او بخواهیم که ما را ببخشد.

۱. پسر با پول خود چکار می‌کند؟
۲. پسر وقتی پولی ندارد چکار می‌کند؟
۳. پسر به پدر خود چه می‌گوید؟

ده مرد با بیماری ناعلاج

(لوقا ۱۷ : ۱۱-۱۹)

ده مرد در جایی دور از دهکده زندگی می‌کنند. آنها سخت بیمار هستند. تمام بدنشان پر از لکه‌های سفید و خشک، حتّی در بعضی از جاها هم زخم است. آنها جزامی هستند و این یک بیماری وحشتناکی است. آنها می‌دانند که دیگر خوب نمی‌شوند. برای اینکه دیگران را به این بیماری مبتلا نسازند، می‌بایست از دیگران، حتّی از افراد فامیل خودشان هم، دور بمانند. این مسئله آنها را بسیار غمگین می‌کند.

روزی عیسی به دهکده آنها می‌آید. آنها شنیده‌اند که او می‌تواند بیماران را شفا دهد. از راه دور آن مردان می‌توانند او را بشناسند. تا آنجایی که می‌توانند بلند فریاد می‌زنند: "عیسی به ما رحم کن، به ما کمک کن!" آنها آهسته جلو می‌آیند. بقیه مردم مسلماً فرار می‌کنند که بیمار نشوند. ولی عیسی نمی‌ترسد. او به آنها می‌گوید: "بروید نزد کاهنان و خودتان را به آنها نشان دهید!" آنها باور دارند که عیسی می‌تواند آنها را شفا دهد و از او اطاعت می‌کنند.

در راه، ناگهان متوجّـه می‌شوند: زخمهای دستها و پاهایشان شفا یافته است! آنها شفا یافتند! شادی فراوانی آنها را فرامی‌گیرد. ناگهان یکی از آن ده نفر به سوی عیسی برمی‌گردد و از او تشکر می‌کند. او می‌داند، عیسی، پسر خدا، نه تنها می‌تواند بیماران را شفا دهد، بلکه می‌تواند قلبها را نیز از گناهان پاک نماید.

ما هم هیچ وقت نمی‌خواهیم تشکر کردن را از یاد ببریم! می‌اندیشیم که برای چه چیزهایی می‌توانیم سپاسگزار باشیم.

۱. آن ده نفر چه نوع بیماری دارند؟
۲. عیسی به آنان چه سفارشی می‌کند؟
۳. چند نفر از آنان برای شفا یافتنشان از عیسی تشکر می‌کنند؟

دو دعایی که فقط یکی ازآنها مستجاب می‌گردد

(لوقا ۱۸ : ۹-۱۴)

فریسیان خود را انسانهای خوبی می‌پندارند. آنها می‌خواهند همه بدانند که آنها شریعت را نگاه می‌دارند. وقتی که وارد معبد می‌شوند، می‌خواهند همه آنها را ببینند. وقتی که دعا می‌کنند، می‌خواهند همه صدای آنها را بشنوند. فریسیان از باجگیران نفرت دارند، زیرا آنها برای رومیان کار می‌کنند و حقّـه باز هستند. آنها معتقدند که این افراد به هیچ وجه به بهشت نمی‌روند. امّا عیسی راجع به آنها طور دیگری فکر می‌کند. هرکس که ایمان واقعی دارد و صادق است می‌تواند پیش خدا بیاید. این را بارها به مردم می‌گوید. برای اینکه آنها منظورش را بهتر بفهمند، داستان زیر را تعریف می‌کند:

یک فریسی و یک باجگیر برای دعا به معبد می‌روند. فریسی با صدای بلند دعا می‌کند: "ای خدا، من از تو تشکر می‌کنم که مثل این باجگیر حریص، متقلّب و فاسد نیستم!" باجگیر شرمسار است. او به سینه‌اش می‌زند و می‌گوید: "خداوند! به من رحم نما. من انسان گنهکاری هستم!" عیسی می‌گوید: "ببینید، باجگیر، مورد قبول خداوند قرار خواهد گرفت. او می‌داند که انسان گنهکاری است. ولی خدا آن فریسی را نمی‌پذیرد، زیرا که فکر می‌کند او بهتر از دیگران است. خدا نمی‌تواند به افرادی که اینگونه فکر می‌کنند کمک کند."

واین تا امروز همچنان باقی است. خدا می‌تواند تنها آنانی را قبول کند که به گناهان خودشان اعتراف می‌کنند و از او کمک می‌طلبند.

۱. دعای فریسیان چگونه است؟
۲. چه کسی می‌داند که قلب گناهکاری دارد؟
۳. خداوند چه دعایی را قبول می‌کند و چرا؟

مرد قد کوتاه بر روی درخت

(لوقا ۱۹ : ۱-۱۰)

این خبر به سرعت همه جا پخش می‌شود. عیسی در شهر اریحا است. افراد بسیاری آمده‌اند تا او را ببینند.

زکریا، مأمور اخذ مالیات، مشتاقانه می‌خواهد این مرد را ببیند. چون زکریا مرد قدکوتاهی است، به سرعت از روی درختی بالا می‌رود. عیسی از اینجا رد می‌شود و زکریا می‌تواند به خوبی او را ببیند.

حالا چه اتّفاقی می‌افتد؟ عیسی زیر آن درخت توقّف می‌کند، به بالا نگاه می‌کند و به او می‌گوید: "زکریا، از درخت پایین بیا، می‌خواهم امروز به ملاقات تو بیایم!" زکریا بی‌درنگ از درخت پایین می‌آید و با خوشحالی عیسی را با خود به خانه‌اش می‌برد.

مردم عصبانی هستند و فریاد می‌زنند: "چگونه عیسی می‌تواند وارد منزل چنین فرد گناهکاری شود". زکریا از اینکه افراد زیادی را فریب داده و به آنها دروغ گفته است، متأسف است. او همه کارهایی را که انجام داده بود به عیسی بازگو می‌کند و به او قول می‌دهد: "استاد، من می‌خواهم نصف پولم را به فقرا بدهم و از آنانی که پول اضافه گرفتم می‌خواهم چهار برابر آن را پس بدهم." وقتی عیسی این را می‌شنود خوشحال می‌شود و به زکریا می‌گوید: "امروز شادی در این خانه وارد شده است، زیرا تو نجات را پذیرفته‌ای."

زکریا خوشحال است. عیسی او را بخشیده است. تو هم می‌توانی خوشحال شوی. به عیسی بگو که چه عمل بدی انجام داده‌ای و از او طلب بخشش کن. این کار، قلب تو را نیز شاد می‌کند.

۱. چرا زکریا از روی درخت بالا می‌رود؟
۲. عیسی به زکریا چه می‌گوید؟
۳. زکریا از چه چیزی متأسف است و به عیسی چه می‌گوید؟

عیسی متّهم می‌شود

(لوقا ۲۳ : ۱-۱۲ ؛ ۲۳ : ۲۶ ؛ ۲۳ : ۳۲)

یهودیان عیسی را دستگیر کرده‌اند. آنها او را دوست ندارند و می‌خواهند که او بمیرد. امّا فقط رومیان می‌توانند عیسی را به مرگ محکوم کنند. بنابراین او را نزد پیلاطوس، فرمانروای رومی می‌برند و می‌گویند: "عیسی یک کافر است!" پیلاطوس می‌پرسد: "مگر او چکار کرده است؟" - " او خود را پسر خدا می‌داند و می‌گوید که او یک پادشاه است." پیلاطوس به عیسی می‌گوید: "آیا تو پادشاه یهود هستی؟" - " تو خود این را می‌گویی." پیلاطوس احساس می‌کند که این مرد بی‌گناه است. او می‌گوید: "خیر، این مرد کار بدی نکرده است." البتّـه یهودیان می‌خواهند که عیسی حتماً به مرگ محکوم گردد. با عصبانیّت فریاد می‌زنند: "او پادشاه ما نیست! او باید بمیرد!" ناگهان وحشت، پیلاطوس را فرامی‌گیرد. او می‌ترسید، کاری را که درست است، انجام دهد. وقتی که مردم از فریادزدن دست برنمی‌دارند، او دستور می‌دهد: "به صلیب بکشید!"

عیسی در برابر این بی‌عدالتی چه می‌گوید؟ هیچ چیز! او کاملاً آرام است. او می‌خواهد، برای گناهان مردمی که آنها را دوست می‌دارد، بمیرد.

و به این صورت او را با دو تن از تبهکاران به تپّه جلجتا می‌برند.

۱. چرا یهودیان می‌خواهند که عیسی به مرگ محکوم شود؟
۲. چرا پیلاطوس در محکوم کردن عیسی به مرگ، تردید می‌کند و آن را به تأخیر می‌اندازد؟
۳. چرا عیسی این مجازات ناعادلانه را متحمّل می‌گردد؟

عیسی بر مرگ مستولی می‌گردد

(لوقا ۲۳ : ۳۳-۴۹ ؛ ۲۴ : ۵-۶)

عیسی از میان خیابانهای شهر اورشلیم بر تپّه جلجتا برده می‌شود. این راه طولانی است. روی تپّه سه تا صلیب قرار دارد. سربازان عیسی را روی یکی از صلیبها میخکوب می‌کنند و دو جنایتکار را در دو طرف او به صلیب می‌کشند.

ولی عیسی مرتکب چه جنایتی شده بود؟ او فقط به مردم خوبی کرده بود. چرا او باید بمیرد؟ عیسی به خاطر گناهان خودش نمی‌میرد، بلکه برای گناهان تمامی مردم!

اطرافیان او را مسخره کرده، می‌خندند و ناسزا می‌گویند. آنها می‌گویند: "اگر تو پسر خدا هستی، خودت را نجات بده!" ولی عیسی جواب می‌دهد: "پدر، آنها را ببخش زیرا که نمی‌دانند چه می‌کنند!"

وسط روز است. ناگهان تاریکی زمین را فرامی‌گیرد. جریمه گناهانی که من و تو مرتکب شده‌ایم، عیسی آن را بر دوش خود گرفته، سپس جان می‌دهد.

شاگردان عیسی، جسد او را از صلیب پایین آورده با خود می‌برند و در قبر می‌گذارند. آیا حالا همه چیز تمام است؟ بعد از سه روز، چند زن سر قبرش می‌روند. آنها چه می‌یابند؟ قبر خالی است! ناگهان آنها دو فرشته می‌بینند. آنها خبر خوش برایشان دارند: "عیسی قیام کرده است! او زنده است!"

ما هم می‌خواهیم این را باور کنیم: عیسی زنده است! او بر مرگ پیروز شد! او حالا می‌تواند به هرکسی حیات جاودانه ببخشد.

۱. عیسی باید بالای چه تپّه‌ای جان دهد؟
۲. چرا مرگ عیسی برای ما انسانها اینقدر مهّم است؟
۳. دو فرشته به زنان چه می‌گویند؟

رفت و برگشت به عموآس

(لوقا ۲۴ : ۱۳-۳۵)

دو مرد در جاده‌ای که از اورشلیم به عموآس می‌پیوندد در حال قدم زدن هستند. آنها شاگردان عیسی می‌باشند. صورت آنان بسیار غمگین بنظر می‌آید. آنها راجع به استاد خویش صحبت می‌کنند. او مصلوب شده و به خاک سپرده شده است. آنها در اورشلیم شنیده‌اند که قبر او خالی است! عیسی دوباره زنده است. آیا باید این خبر را باور کنند؟

ناگهان غریبه‌ای در کنارشان قدم می‌زند. او کنجکاو است بداند که آنها درباره چه صحبت می‌کنند "نمیدانی که در اورشلیم چه اتّفاقی افتاده است؟ آنها عیسی را مصلوب کردند. او باید بعد از مرگش دوباره قیام کرده باشد."

آن غریبه که با حوصله به آنان گوش می‌دهد، عیسی است. شاگردان او را نمی‌شناسند. آنها می‌خواهند چیزی که او می‌خواهد بگوید، بشنوند. او بطور مفصّل توضیح می‌دهد که تمام اینها می‌بایست انجام می‌شد. زیرا که خداوند اینگونه می‌خواهد.

وقتی که آنها در عموآس به خانه یکی از شاگردان می‌رسند، مؤدبانه از غریبه دعوت می‌کنند برای خوردن شام به آنها ملحق شود. قبل از خوردن غذا او دعا می‌کند. سپس قسمتی از نان را پاره می‌کند و به هر کدام یک تکّه از آن را می‌دهد. یکمرتبه او را می‌شناسند: او عیسی است، استاد آنان! بله واقعیّت دارد. او زنده است!

آنها با شادی فراوان به اورشلیم برمی‌گردند. عیسی زنده است! آنها باید این را برای دوستانشان تعریف کنند.

۱. چرا آن دو مرد اینقدر غمگین هستند؟
۲. آن غریبه کیست و چه چیزی را برای آنها توضیح می‌دهد؟
۳. چگونه آن دو نفر عیسی را شناختند؟

عیسی در یک جشن عروسی

(یوحنّا ۲ : ۱-۱۲)

در محلّه کوچک قانا، یک جشن عروسی برپاست. مهمانان بسیار زیادی دعوت شده‌اند. عیسی، شاگردانش و مریم، مادر عیسی هم جزو دعوت شدگان هستند. همگی با زوج جوان شادی می‌کنند. می‌خندند، می‌خورند، می‌نوشند و با هم گفتگو می‌کنند.

ناگهان مریم با نگرانی در گوش عیسی زمزمه می‌کند: "دیگر هیچ شرابی موجود نیست! مهمانان چیزی برای نوشیدن ندارند!" مریم می‌داند که این مسئله برای مهماندار خجالت‌آور است. او معتقد است که اینجا تنها عیسی می‌تواند کمک کند. او، پسر خدا، از قبل می‌دانست که نوشیدنی تمام شده است. البتّه موقع معجزه کردن او هنوز نرسیده است.

پس از مدّتی او به افرادی که به مهمانها خدمت می‌کنند می‌گوید: "خمره‌ها را پر از آب کنید!" آنها اطاعت کرده و خمره‌ها را پر از آب می‌کنند. "مقداری از آن را بردارید و به کارشناس مواد غذائی بدهید!" آنها مجدداً اطاعت می‌کنند. کارشناس آن را امتحان می‌کند. "این یک شراب درجه یک است و جشن بزودی به اتمام می‌رسد. چرا داماد، این شراب عالی را تا بحال نگه داشته است؟" او مطمئناً نمی‌داند که عیسی آب را در خمره‌ها به شراب تبدیل کرده است.

این اوّلین معجزه‌ای است که عیسی بر روی زمین انجام می‌دهد. به این وسیله او می‌خواهد به شاگردان و همه مردم نشان دهد که او پسر خداست، او بر همه چیز تواناست و همه چیز را می‌داند.

۱. چه کسانی به جشن عروسی دعوت شده‌اند؟
۲. وقتی که شراب به اتمام می‌رسد، عیسی چگونه به داماد کمک می‌کند؟
۳. چرا عیسی می‌تواند این معجزه را انجام دهد؟

عیسی در خانه خدا

(یوحنّا ۲ : ۱۳-۲۵)

تمام یهودیان به معبد زیبا و باشکوهی که در اور شلیم واقع است افتخار می‌کنند. از راه دور برای قربانی و دعا به خانه خدا می‌آیند.

ازدحام، سراسر معبد را فراگرفته است. تاجران، فریادزنان، گاوان نر، گوسفندان، کبوتران را برای قربانی به فروش می‌گذارند. همچنین مردم دور صرّافان را احاطه کرده‌اند. در حقیقت هر یهودی باید سالی یکبار مقدار مناسبی از درآمد خود را به معبد اهدا نماید و همه جا معامله، نزاع و خرید و فروش انجام می‌گیرد.

بعد از چند روز، عید پسح فرامی‌رسد. عیسی از پلّه‌ها به سوی معبد بالا می‌رود. او نیز از راه دور متوجّه سروصدا و ازدحام جمعیّت می‌شود. او شوکّه می‌شود. مردم با خانه خدا چکار کرده‌اند. احترام خداوند را ندارند؟ عیسی چند تکّه طناب از روی زمین برمی‌دارد. به سرعت شلاقی درست می‌کند و به سوی تاجران و حیواناتشان می‌رود: "بیرون! اینجا دارید چکار می‌کنید؟ خانه خداوند را تبدیل به فروشگاه کرده‌اید! فوراً گم شوید!" کسی جرأت مخالفت با پسر خدا را ندارد. حیوانات همگی پا به فرار می‌گذارند، فروشندگان و صرافان وحشت‌زده میزهایشان را ترک می‌کنند. کاتبان با تعجب اعمال عیسی را نظاره می‌کنند و بنظر آنها عیسی یک شورشگر است و نه چیز دیگر. البتّه که عیسی پسر خداست. او می‌خواهد مردم را متوجّه این موضوع سازد که خانه خدا محّل تجارت نیست و باید مکانی برای پرستش باقی بماند.

۱.چه چیزی در معبد فروخته می‌شد؟
۲.چرا عیسی شوکه می‌شود؟
۳.معبد برای چه چیزی است؟

عیسی با زن سامری صحبت می‌کند

(یوحنّا ۴ : ۱-۳۰ ؛ ۴ : ۳۹-۴۲)

عیسی به شاگردان می‌گوید: "بیائید، ما باید از سامره عبور کنیم". آیا لازم بود تا آنها از این سرزمین بگذرند؟ یهودیها از سامریها نفرت دارند ولی برای عیسی فرقی نمی‌کند. او تمام مردم را دوست دارد. نفرت داشتن از دیگران گناه است و او بی‌گناه است.

ظهر است. آفتاب بسیار گرم و سوزان است. عیسی گرسنه وتشنه است. او در سوخار، خسته از سفر، در کنار چاه می‌نشیند و استراحت می‌کند. طولی نمی‌کشد که زنی برای بردن آب به آنجا می‌آید.

مادامی که آن زن کوزه خود را در کنار چاه قرار می‌دهد، عیسی به او می‌گوید: "خواهش می‌کنم به من جرعه‌ای آب بده!" آن زن با تعجب جواب می‌دهد: "تو از من آب می‌خواهی؟ یهودیها معمولاً با سامری‌ها صحبت نمی‌کنند." - " اگر می‌دانستی من چه کسی هستم، از من چیزی را طلب می‌کردی که دیگر هیچوقت تشنه نگردی. آب خوردنی را انسان بایستی همیشه تهیّـه کند، امّاآنچه که خدا برای رفع تشنگی روح انسان می‌دهد، برای همیشه می‌ماند". طبیعتاً این زن خواستار آن بود.

در حین گفتگو، آن زن متوجّـه می‌شود: این غریبه، همه چیز را راجع به من می‌داند. او باید حتماً مرد خدا باشد. و چون او دارای مذهب دیگری بود، از او راجع به خدای واقعی می‌پرسد. چه کسی می‌تواند بهتر از عیسی این را توضیح بدهد؟ ناگهان او متقاعد می‌شود: مردی که با او صحبت می‌کند، پسر خداست! فقط او می‌تواند زندگی معنی‌دار و جاودانه ببخشد، و آن زن قبول کرد تا آن زندگی به او بخشیده شود.

۱. عیسی کجا استراحت می‌کند؟
۲. آن زن، عیسی را چه کسی می‌داند؟
۳. آن زن، چه چیزی را قبول می‌کند تا به او اهدا شود؟

عیسی پسری را شفا می‌دهد

(یوحنّا ۴ : ۴۳-۵۴)

در راه شهر قانا، آنجایی که عیسی آب را به شراب تبدیل کرده بود، عیسی با شاگردانش در راه می‌باشند. یک نفر از مقامات والای دولتی، این را می‌شنود و به قانا مسافرت می‌کند. ترس، او را به سوی عیسی می‌برد، زیرا پسر او خیلی بیمار است. او در آستانه مرگ است. عیسی، تنها کسی است که می‌تواند پسر او را نجات دهد. او هیجان‌زده، از عیسی می‌خواهد: "هر چه زودتر با من به خانه من بیا! پسر من بیمار است. او خواهد مُرد. تنها تو می‌توانی او را شفا دهی!" آن مرد باور دارد که عیسی قدرت این کار را دارد. عیسی آه می‌کشد: "مردم می‌خواهند فقط معجزات ببینند که به من ایمان بیاورند."

البتّه این کلام، در پدر نگران اثری ندارد. او همچنان تمنّا می‌کند: "استاد، با من بیا، پسرم نزدیک است بمیرد!"

عیسی می‌بیند که او چقدر ناامید است. به او می‌گوید: "راحت به خانه برو! پسر تو شفا یافته است!"

آن مرد باور می‌کند، با اینکه نمی‌داند چطور می‌شود. او فوراً راه کفرناحوم را در پیش می‌گیرد. در راه، خدمتکاری به او می‌رسد و خبر می‌دهد: "معجزه‌ای رخ داده است! پسرت زنده و سالم است!"

پدر خوشبخت، فهمید که بهبودی او دقیقاً هنگامی رخ داده است که عیسی گفته بود: "پسرت شفا یافته است!" اکنون هیچ شکّی باقی نمانده است. عیسی واقعاً پسر خداست. به او می‌خواهد برای همیشه ایمان داشته باشد.

۱. چرا افسر مقامات دولتی، نزد عیسی می‌رود؟
۲. او از عیسی چه خواهشی دارد؟
۳. عیسی آن پسر را چگونه شفا می‌دهد؟

عیسی مرد تنهایی را شفا می‌دهد

(یوحنّا ۵ : ۱-۱۶)

از دور صدای گریه و زاری افراد بیمار شنیده می‌شود. خیلی‌ها در کنار حوض بیت حسدا برروی زمین دراز کشیده‌اند. می‌گویند در لحظه‌ای که آب حوض تکان بخورد و بیمار داخل حوض گردد، شفا خواهد یافت.

امروز عیسی به محل درماندگان می‌آید. او به سوی یک بیماری می‌رود که مدّت سی و هشت سال است که بیمار و زمین‌گیر شده است و درد می‌کشد. عیسی از حال او خبر دارد. از او می‌پرسد: "آیا می‌خواهی شفا یابی؟"-" البتّـه که می‌خواهم! ولی من خیلی بیمار هستم که بتوانم داخل آب روم. بعلاوه کسی را هم ندارم که کمکم کند. من خیلی تنها هستم."

آن مرد دردمند از عیسی می‌شنود : "تو شفا یافتی! برخیز، رختخوابت را جمع کن و به خانه خود برو". آن مرد باور می‌کند. حقیقتاً او می‌تواند برخیزد، حرکت کند و بدود. او کاملاً سالم است.

هنوز آن مرد شفا یافته نمی‌داند که این معجزه را چه کسی برای او انجام داد. با حمد و شادی، برای دعا به سوی معبد می‌شتابد. در آنجا مجدداً با عیسی روبرو می‌شود. عیسی دوباره با او صحبت می‌کند. صدای او مهربان و در عین حال جدّی است: "ببین، تو شفا یافتی، اکنون دیگر گناه نکن، وگرنه بدتر از این خواهد شد." شفا یافته، تعظیم می‌کند. شاید گناه او باعث بیماری او شده بود. البتّـه همیشه اینگونه نیست. عیسی تنها بیماری را شفا نمی‌دهد، بلکه کمک می‌کند تا ما از انجام کارهای بد نیز دوری کنیم.

۱. چرا آن مرد بیمار در کنار حوض دراز کشیده است؟
۲. عیسی با آن بیمار چکار می‌کند؟
۳. آن مرد شفا یافته اوّل به کجا می‌رود؟

عیسی مردم زیادی را سیر می‌کند

(یوحنّا ۶ : ۱-۱۵)

تعداد زیادی از مردان، زنان و بچّـه‌ها، نزد عیسی و شاگردانش هستند وقتی که عیسی از خداوند تعریف می‌کند، آنها تمام روز را در کنار عیسی مانده و مشتاقانه به صحبتهای او گوش فرامی‌دهند. وقتی که موقع رفتن به خانه و صرف ناهار فرامی‌رسد، کسی آنجا را ترک نمی‌کند چون مایل هستند تا بیشتر از خداوند خود بشنوند. عیسی می‌بیند که مردم، گرسنه هستند. او از شاگردان می‌خواهد که به آنها کمی غذا دهند. آنها چطور می‌توانند این کار را انجام دهند. فراهم کردن غذا برای این همه جمعیّت، آنهم در این موقع شب امکان‌پذیر نیست.

آندریاس دست پسری را گرفته می‌آید. این شنونده کوچک، متوجّـه می‌شود که عیسی درباره خوراکی سؤال می‌کند. "این تمام چیزی است که من دارم ولی می‌توانم آن را به شما دهم." پنج تکّـه نان مانده از روز قبل و دو تا ماهی خشک. عیسی خوشحال می‌شود که این پسر می‌خواهد خوراکی‌اش را بین همه قسمت کند. مردم، همه می‌نشینند. عیسی برای غذا شکرگزاری کرده و شروع به تقسیم آن، بین مردم می‌کند. معجزه رخ می‌دهد: مقدار نان و ماهی در سبد کاسته نمی‌شود. همه از خوردن آن، حسابی سیر می‌شوند. وقتی که شاگردان تکّـه‌های اضافی نان را جمع می‌کنند، دوازده سبد دستی پر می‌شود.

وقتی ما هم، هر آنچه داریم با میل خود با دیگران تقسیم کنیم عیسی از ما خشنود می‌گردد. این بسیار زیباست که دیگران را با قسمتی از داشته‌های خود سهیم کنیم تا اینکه همه را برای خود نگه داریم.

۱. چرا مردان و زنان نزد عیسی آمدند؟
۲. آن پسر، چند تا نان و ماهی دارد؟
۳. شاگردان، چند سبد از تکه‌های مانده نان پر می‌کنند؟

عیسی یک نابینا را بینا می‌کند

(یوحنّا ۹)

در کنار خیابان فقیری نشسته است. او از بدو تولّدش نابیناست. برای او همیشه تاریکی است. او چهره پدر و مادرش را هرگز ندیده است. "چرا آن مرد نابینا است؟" شاگردان می‌خواهند دلیل نابینایی او را بدانند. "آیا او کار بدی کرده است؟ یا اینکه والدینش مقصر هستند؟" عیسی جواب می‌دهد: "هیچ‌کس مقصر نیست. او نابینا است، زیرا خدا می‌خواهد که قدرت شفابخش خود را از این طریق نشان دهد." او آب دهان خود را بر زمین می‌اندازد و با آن گِل درست می‌کند و به چشمان او می‌مالد و به او می‌گوید: "برو و در حوض سیلوحا صورت خود را بشوی." نابینا عیسی را باور می‌کند و هر چه او می‌گوید، انجام می‌دهد. او محتاطانه به حوض نزدیک شده صورت خود را در آن می‌شوید. ناگهان او می‌تواند ببیند! او از خوشحالی در پوست خود نمی‌گنجد.

همسایه‌ها به سختی می‌توانند این را باور کنند: "تو آن نابینای فقیر نیستی؟ چطور می‌توانی یکمرتبه ببینی؟" او با اشتیاق تعریف می‌کند که چگونه شفا یافته است. فقط او نمی‌داند که چه کسی او را شفا داده است. او عیسی را نمی‌شناسد.

پس از آن، عیسی بار دیگر با آن فقیر روبرو می‌شود و از او سوال می‌کند: "تو به پسر خدا ایمان داری؟" شفا یافته جواب می‌دهد: "فقط اگر بدانم که او چه کسی است، به او ایمان خواهم آورد". عیسی می‌گوید: "من آن هستم". آن مرد جلوی او به زمین می‌افتد و زانو می‌زند: "بله استاد، من به تو ایمان دارم!".

۱. نابینا چگونه شفا می‌یابد؟
۲. چه کسی از شفا یافتن او تعجب می‌کند؟
۳. آن فقیر به چه کسی ایمان می‌آورد؟

عیسی ، شبان مهربان

(یوحنّا ۱۰ : ۱-۳۰)

شب هنگام است. گوسفندان، در جای تنگ، به پهلوی هم فشار آورده خوابیده‌اند. در کنار چوپان، خود را امن احساس می‌کنند. چوپان، شب و روز از آنها مراقبت می‌کند. او حیوانات وحشی و دزدان را از آنها دور می‌کند.

شبان، تک تک گوسفندان را با نام می‌شناسد. زمانی که او آنها را صدا می‌زند، آنها گوش کرده و از او پیروی می‌کنند. گوسفندان، صدای شبانان خود را می‌شناسند و از چوپانان ناآشنا پیروی نمی‌کنند هرچند که صدای آنها بلند و جذاب باشد.

یک چوپان خوب و مهربان، پیشاپیش گوسفندان راه می‌رود و بهترین خوراک و بهترین آب را برای آنان تهیّـه می‌کند. وقتی که آفتاب خیلی گرم و سوزان می‌شود، او می‌گذارد که آنها استراحت بکنند. برّه‌های کوچک را در بغل می‌گیرد. گوسفندانی که خود را زخمی کرده‌اند، او زخم آنها را می‌بندد. وقتی که گوسفندی از گله عقب می‌افتد و گم می‌شود، او آنقدر جستجو می‌کند تا او را پیدا کند.

عیسی نیز مانند یک چوپان مهربان است. او از افرادی که او را دوست می‌دارند مواظبت و مراقبت می‌نماید. و اینان، کودکان، مردان و زنان و پیران می‌باشند. عیسی شب و روز از آنها مواظبت می‌کند. او حتّی به اندازه یک چشم بهم‌زدن، آنان را تنها نمی‌گذارد. او از آنان مراقبت می‌کند و هر چیزی را که برای زندگی نیاز داشته باشند فراهم می‌کند.

۱. شبان مهربان چگونه از گوسفندان خود نگهداری می‌کند؟
۲. شبان مهربان ما کیست؟
۳. عیسی از چه کسانی مواظبت می‌کند؟

عیسی ایلعازر را دوباره زنده می‌کند

(یوحنّا ۱۱ : ۱-۴۶)

ایلعازر سخت بیمار است. حالش روز به روز بدتر می‌شود. مریم و مارتا هر کاری از دستشان برمی‌آید انجام می‌دهند که حال برادرشان خوب شود ولی هیچ فایده‌ای ندارد. خود دکتر هم توصیه‌ای نمی‌تواند بکند. "آه، اگر عیسی اینجا بود!" خواهران ناله می‌کنند. تنها او می‌توانست به ایلعازر کمک کند. آنها سریع برای عیسی پیغام می‌فرستند و می‌گویند: "ایلعازر، دوست تو سخت بیمار است. او بزودی خواهد مُرد."

دو روز دیگر هم گذشت. سپس ایلعازر فوت کرد. هر دو خواهر، خیلی غمگین هستند. آنها از خودشان سؤال می‌کنند: "چرا عیسی نیامد؟" به دلیل گرمای شدید، آنها باید برادر خود را در همان روز اوّل به خاک بسپارند. او را در قبر گذاشتند. جلوی قبر، یک سنگ بزرگ و سنگینی را نهادند. بعد از چهار روز، مریم و مارتا شنیدند که عیسی به دهشان آمده است. مارتا بلافاصله به استقبالش رفت و صدا زد: "آقا، اگر تو اینجا بودی ایلعازر نمی‌مرد. ولی من می‌دانم که تو وقتی از خدا بخواهی قادر به انجام هر کاری هستی." عیسی می‌گوید: "برادر تو زنده خواهد شد. هرکس به من ایمان داشته باشد در آسمان زندگی مجدد خواهد داشت حتّی اگر بدنش هم مُرده باشد." بلی، مارتا می‌خواهد که این را باور کند. مریم هم به این اطمینان دارد. سپس عیسی معجزه‌ای می‌کند. او ایلعازر را دوباره زنده می‌کند. با این کار می‌خواهد به مردم نشان دهد که او خداوند مُرده‌ها و زنده‌ها می‌باشد و از آن روز به بعد بسیاری به عیسی، پسر خدا ایمان می‌آورند.

۱. اسم خواهران ایلعازر چیست؟
۲. ایلعازر، کجا به خاک سپرده می‌شود؟
۳. بعد از به خاک سپردن ایلعازر، چه چیزی رخ می‌دهد؟

عیسی بر شاگردانش ظاهر می‌شود

(یوحنّا ۲۰ : ۱۱-۳۱)

"قبر خالی است! عیسی دیگر اینجا نیست." مریم حیرت‌زده گریه می‌کند. او به سختی می‌تواند صحبت کند: "کسی باید آقایم را برده باشد ولی چه کسی؟" قبل از اینکه او اشکهای خود را پاک کند، ناگهان کسی از او می‌پرسد: "چرا گریه می‌کنی؟ چه کسی را جستجو می‌کنی؟" او عیسی است ولی مریم او را نشناخت، او فکر می‌کند که باغبان است. ولی وقتی که عیسی او را با اسم کوچک صدا می‌زند، او مطمئن می‌شود که این مرد، آقای خودش است. بلی اوست، او زنده است!

عیسی به او می‌گوید که چه باید بکند: "با شتاب برو پیش شاگردانم و هر آنچه دیده و شنیده‌ای برای آنها تعریف کن. به آنها بگو، که من بزودی نزد پدر خود و پدر شما، به آسمان باز می‌گردم."

مریم بینهایت خوشحال است. عیسی زنده است، او دیگر مُرده نیست و آنها را تنها نمی‌گذارد. او با شتاب نزد شاگردان می‌رود و برای آنان هر چه را که دیده است تعریف می‌کند.

غروب همان روز، یازده شاگرد دیگر نیز عیسی را می‌بینند. او آنها را دلداری می‌دهد، چون می‌داند که چقدر آنها غمگین هستند و همچنین می‌داند که چقدر آنها از سران مذهبی اسرائیل می‌ترسند. برای اثبات اینکه او حقیقتاً خودش می‌باشد، دستها و پهلوی خود را که در هنگام مصلوب شدنش زخمی شده بودند به آنها نشان می‌دهد. سپس توما هم او را می‌بیند. او آخرین بار با آنها نبود. اکنون همه شاگردان قانع می‌شوند که عیسی واقعاً زنده است!

۱. چرا مریم گریه می‌کند؟
۲. مریم به چه کسانی باید بگوید که عیسی زنده است؟
۳. چرا عیسی دستها و پهلوی خود را به شاگردانش نشان می‌دهد؟

عیسی به آسمان بازمی‌گردد

(اعمال رسولان ۱ : ۱-۱۴)

مردم عیسی را مصلوب کردند. او می‌میرد و دوباره زنده می‌شود. شاگردان خوشحالندکه او دوباره با آنهاست، ولی نه برای مدّت طولانی.

امروز برای آخرین بار عیسی با شاگردانش دور هم هستند. او با آنها شهر اورشلیم را ترک کرده است و به طرف کوه زیتون می‌رود. در آنجا او می‌خواهد با آنان خداحافظی کند و به سوی خدای آسمانیش برگردد. اوآنان را دلداری داده، می‌گوید: "بعد از اینکه من شما را ترک کردم در اورشلیم بمانید! همانطوری که پدر من وعده‌اش را داده است، او روح‌القدس را بر شما نازل می‌گرداند که به وسیله آن شما قدرت پیدا خواهید کرد کلام مرا با شهامت به تمام مردم برسانید. سرانجام باید به کشورهای دیگر هم بروید و به تمام مردم شهادت مرا بدهید. روح‌القدس شما را در این کار یاری خواهد کرد."

زمانی که عیسی سخنانش را به پایان می‌رساند، ناگهان در مقابل چشمان آنان به سوی آسمان بالا می‌رود و در ابری ناپدید می‌گردد. اکنون او دوباره نزد خداوند، پدرش که در آسمان است."

در حالی که شاگردان خیره شده به آسمان نگاه می‌کنند، دو فرشته در میانشان ایستاده می‌گویند: "چرا اینجا ایستاده، به آسمان خیره شده‌اید؟ خدا عیسی را به آسمان، پیش خودش برده است. همینطور هم زمانی دوباره باز خواهد گشت."

شاگردان به اورشلیم باز می‌گردند. آنجا می‌خواهند منتظر روح‌القدس بمانند. آنها از این بابت بسیارخوشحال هستند.

۱. عیسی برای خداحافظی از شاگردانش به کجا می‌رود؟
۲. عیسی چه وعده‌ای را به شاگردانش می‌دهد؟
۳. عیسی زمین را چگونه ترک می‌کند؟

مرد لنگی که دوباره می‌تواند جهش کند

(اعمال رسولان ۳)

هر روز مرد لنگی را، به کنار دروازه‌ای که به خانه خدا هدایت می‌شود، می‌آورند. او در تمام عمرش هرگز قادر به راه رفتن نبوده است. او درآمدی ندارد چون نمی‌تواند کار کند. بنابراین او وابسته به دوستانش و گدائی کردن برای اندکی پول است.

نزدیک سه بعد از ظهر است. پطرس و یوحنّا می‌خواهند برای دعا به معبد بروند. گدای لنگ از آنها پول می‌طلبد. آنها جلوی او می‌ایستند. پطرس می‌گوید: "به ما نگاه کن!" گدای لنگ فکر می‌کند: "این دو نفر حتماً به من پول خواهند داد." امّا پطرس ادامه می‌دهد: "پولی ندارم که به تو بدهم ولی آنچه دارم به تو می‌دهم. در نام عیسی مسیح ناصری: برخیز و راه برو!" سپس دست او را می‌گیرد و از زمین بلندش می‌کند. حقیقتاً او می‌تواند بلند شود و بایستد. آن گدا نمی‌تواند این را درک کند، او می‌تواند راه برود! او می‌خواهد این عیسی را که به نام او شفا یافته است، بشناسد. او فوراً پطرس و یوحنّا را که هم‌اکنون به معبد می‌روند، دنبال می‌کند. او هم می‌خواهد دعا و سپاسگزاری کند.

همه اشخاصی که در معبد می‌باشند آن گدا را می‌شناسند. آنها می‌بینند که او می‌تواند راه برود. این چگونه اتفّاق افتاده است؟

پطرس بعد از عبادت و مراسم دعا به مردم کنجکاو توضیح می‌دهد که عیسی نه تنها بیماران را شفا می‌دهد بلکه می‌تواند گناهان مردم را هم پاک کند.

۱. گدای لنگ کجا نشسته است؟
۲. پطرس به گدای لنگ چه می‌گوید و او را با چه نامی شفا می‌دهد؟
۳. چرا شفا یافته فوراً به معبد می‌رود؟

خزانه‌داری ، خدای زنده را می‌جوید

(اعمال رسولان ۸ : ۲۶-۴۰)

او هرآنچه که انسان می تواند آرزویش را داشته باشد، دارد : پول، خادم، کالسکه خوب. به عنوان خزانه دار مملکت، او مسئولیت پول و ثروت را به عهده دارد. او می‌توانست خیلی خوشبخت باشد. ولی با وجود داشتن زندگی خوب، او نمی‌تواند به این سؤال پاسخ دهد: چطور می‌توانم بابت کارهای بدی که کرده‌ام بخشیده شوم؟ بعد از مرگم، چه اتّفاقی برای من خواهد افتاد؟

او شنیده است که یهودیان به خدای قادر و زنده ایمان دارند و جواب این را می‌دانند. او مسافرت را شروع می‌کند. کیلومترها می‌رود که در اورشلیم این خدا را زیارت کند. آیا او در آنجا کمک می‌گیرد؟ خیر، او هیچ کمکی دریافت نمی‌کند.

قبل از برگشت از مسافرت، او تومار اشعیای نبی را با دقّت می‌خواند، ولی معنی آن کلمات را نمی‌فهمد. آنجا خداوند، فیلیپس مباشر را به وسط بیابان می‌فرستد. او آنجا باید در کالسکه، نزد خزانه‌دار، بنشیند و نوشته نبی را توضیح دهد. اشعیا به عیسی اشاره می‌کند. خزانه‌دار این را برای اوّلین بار می‌شنود: عیسی برای همه کارهای بدی که ما انجام داده‌ایم مُرده است و بعداً دوباره زنده شده است. اگر ما به او ایمان بیاوریم، بخشیده خواهیم شد.

خزانه دار هم دقیقاً همین کار را می‌کند. او به عیسی ایمان می‌آورد. بالاخره او چیزی را که جستجو می‌کرد، می‌یابد، بخشش گناه. او خوشبخت به خانه برمی‌گردد.

۱. چرا خزانه‌دار به اورشلیم سفر می‌کند؟
۲. فیلیپس چه چیزی را به خزانه‌دار توضیح می‌دهد؟
۳. خزانه‌دار از بابت چه چیزی خوشحال و شکرگزار است؟

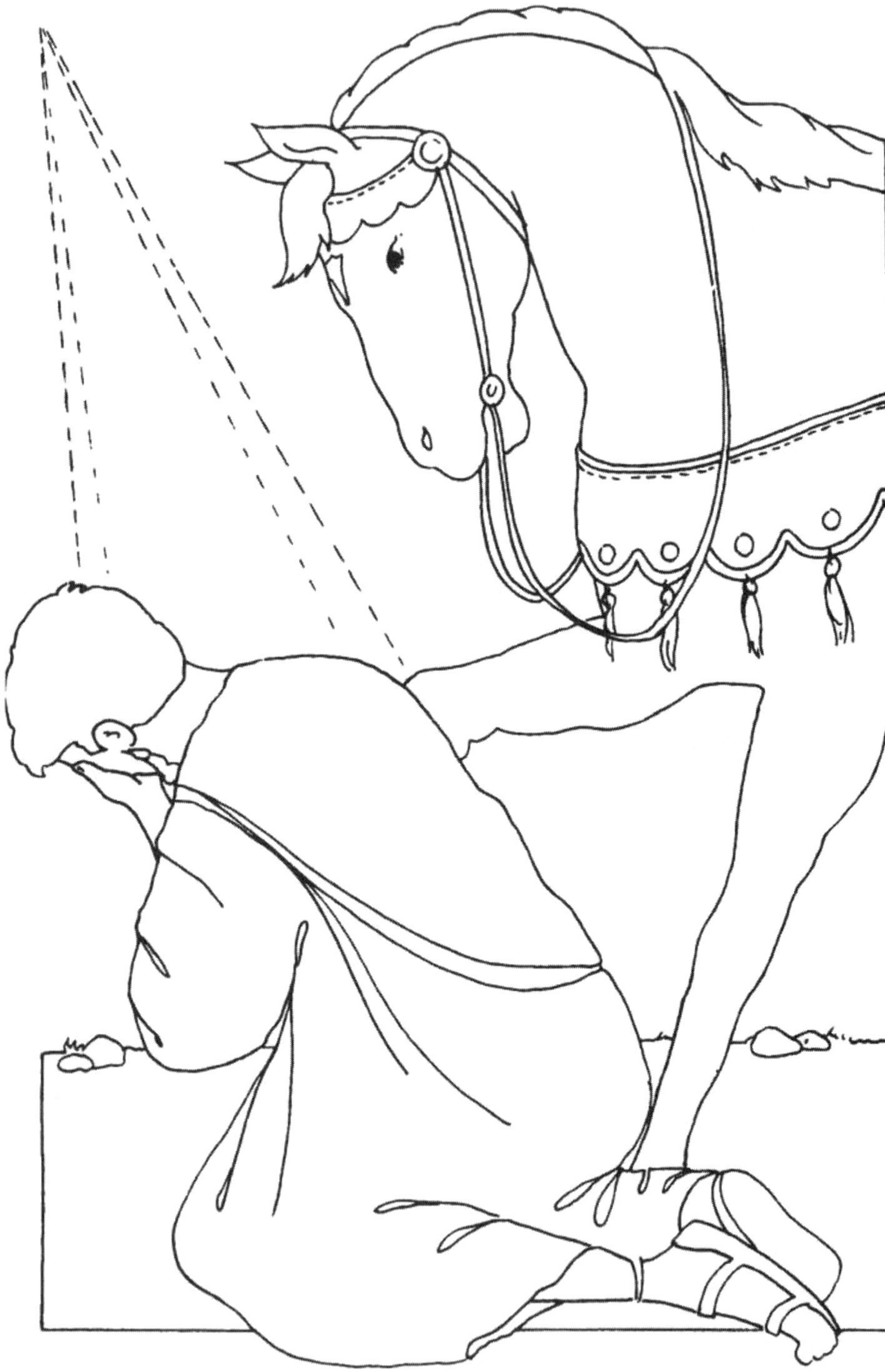

پولس از عیسی پیروی می‌کند

(اعمال رسولان ۹ : ۱-۲۵)

پولس یک جوان متدیّن و باهوشی است. او تلاش می‌کند کارهای ناپسند انجام ندهد. او بطور مرتّب به معبد می‌رود و متون مقدّس را زیاد مطالعه می‌کند. به معلّمینش گوش می‌دهد و هر آنچه آنان می‌گویند می‌پذیرد و انجام می‌دهد. آنها معتقدند که مسیحیان دروغ می‌گویند: عیسی پسر خداست، او برای گناهکاران مُرده است. او از مُردگان برخاسته و زنده است. پولس تصمیم می‌گیرد که مسیحیان را آزار دهد. او با خود می‌گوید، وقتی من با آنها مقابله کنم، روزی می‌رسد که دیگر هیچکس به عیسی ایمان نخواهد داشت. کاهن اعظم و معلّمین اجازه می‌دهند که او مسیحیان را از خانه‌هایشان بیرون بکشد و به زندان بیاندازد. این کار را پولس با موفّقیّت انجام می‌دهد. تعدادی از مسیحیان، توانستند از شهر دمشق بگریزند ولی پولس می‌خواهد آنها را هم دستگیر کند. وقتی که او به نزدیکی شهر دمشق می‌رسد، ناگهان نور خیره کننده‌ای بر او می‌تابد. پولس به زمین می‌افتد و صدایی می‌شنود: "پولس! پولس! چرا مرا دنبال میکنی؟" پولس با وحشت می‌پرسد: "خداوندا تو کیستی؟" - " من عیسی هستم، همان کسی که تو به اوآزار میرسانی! اکنون به شهر برو و در آنجا چیزی که باید انجام دهی را خواهی شنید." پولس ناگهان می فهمد: بنابراین عیسی زنده است. اگر که او مُرده بود، نمی توانست با من صحبت کند. پولس، نابینا و درمانده به آن خانه مذکور در شهر می‌رسد. سه روز تمام در آنجا نه می‌خورد، نه می‌نوشد. او از کارهایی که کرده بود پشیمان است و مرتب دعا می‌کند. پولس میداند: عیسی زنده است. او گناهانش را بخشیده است. از هم اکنون او می‌خواهد به او تعلّق داشته باشد.

۱. پولس با مسیحیان چکار می‌کند؟
۲. چه کسی در نزدیکی شهر دمشق با پولس صحبت می‌کند؟
۳. پولس در دمشق چکار می‌کند؟

افسری مسیحی می گردد

(اعمال رسولان ۱۰)

افسر رومی به نام کرنیلیوس، با هیجان تمام، در خانه‌اش قدم می‌زند او تمام فامیل و دوستانش را دعوت کرده است و همچنین منتظر آمدن شمعون پطرس یهودی است. کرنیلیوس قاصدانی نزد او فرستاده و خواهش و تمنّا می‌کند که به عنوان مهمان نزد او بیاید. هر لحظه ممکن است که او وارد شود. بالاخره می‌رسد. کرنیلیوس با صمیم قلب به او خوش آمد می‌گوید. پطرس می پرسد: "به چه دلیل مرا به اینجا آوردی؟" - "ما می‌خواهیم بشنویم که تو از طرف خدا چه فرمایشی برای ما داری؟"

پطرس عیسی را شخصاً شناخته است. او یکی از شاگردان او بوده است. بنابراین از عیسی، از زندگی او به عنوان پسر خدا، معجزات و از مردمی که او آنها را شفا داده است برای آنها می‌گوید. کرنیلیوس و دوستانش با هیجان تمام به او گوش می‌دهند. پطرس از محبتّی که عیسی به همه مردم دارد، تعریف می‌کند، همچنین از مرگ او بر صلیب. سرانجام پطرس به شنوندگان توضیح می دهد که عیسی نه تنها برای قوم یهود جان خود را داده است، بلکه برای همه انسانهای روی زمین. بنابراین، برای کرنیلیوس رومی هم این چنین است.

آن افسر ایمان می‌آورد و متقاعد می‌گردد که امروز، عیسی گناهان او را هم بخشیده است. او اکنون چقدر خوشحال است. همچنین دوستان و نزدیکانش هم ایمان می‌آورند. آنها خدا را برای این کار تمجید می‌کنند.

۱. چرا افسر رومی پطرس را نزد خود می‌خواند؟
۲. پطرس با افسر رومی و دوستانش راجع به چه چیزی صحبت می‌کند؟
۳. افسر رومی، فامیلش و دوستانش چه چیزی را تجربه می‌کنند؟

آزادی از زندان

(اعمال رسولان ۱۲ :۱-۱۷)

شب در زندان، بطور خاصّی، تاریک است. آنقدر تاریک که آدم جلوی خود را هیچ نمی‌بیند. گاهی صدای زنجیرهایی که به وسیله آن پطرس میان دو سرباز بسته شده بود به گوش می‌رسد. جلوی درب ورودی هم نگهبانان ایستاده‌اند. فرار از این زندان غیرممکن می‌باشد.

هیرودیس پادشاه، پطرس را دستگیر کرده بود. او اشخاصی را که به عیسی ایمان دارند دنبال می‌کند. پطرس در خواب است. ناگهان سلول تاریکش، مثل روز، روشن می‌گردد. دستی او را بیدار می‌کند. یا اینکه خواب می‌بیند؟ در کنارش فرشته‌ای ایستاده است، که به او می‌گوید: "پطرس، زود بلند شو!" پطرس با خود می‌گوید: "این غیرممکن است. من به دو سرباز بسته شده بودم!" ناگهان زنجیرها از پاهایش باز می‌شوند. پطرس بلند می‌شود و فرشته را دنبال می‌کند. نگهبانان متوجّه نمی‌شوند؟ فرشته از جلوی پطرس می‌رود. آنها به دروازه آهنین می‌رسند. دروازه باز می‌شود. جلوی آنان خیابان است. پطرس برمی‌گردد و چشمانش را می‌مالد. فرشته ناپدید می‌شود. نگهبانان متوجّه هیچ‌چیز نشدند. پطرس خواب ندیده است. او آزاد است! او نفس عمیق در هوای خنک شب می‌کشد. ولی او می‌خواهد هر چه زودتر پیش دوستانش برگردد. آیا او می‌داند که آنها تمام شب برای او دعا می‌کنند؟ او می‌خواهد به آنها بگوید که خدا دعاهایشان را مستجاب کرده است.

ما هم باید همیشه در این فکر باشیم که خداوند، امروز هم، به دعای مشترک ما گوش می‌دهد.

۱. چرا هیرودیس پادشاه، پطرس را به زندان می‌اندازد؟
۲. پطرس چطور از زندان آزاد می‌شود؟
۳. چه کسی تمام شب، برای پطروس دعا می‌کند؟

پولس مرد لنگی را شفا می‌دهد

(اعمال رسولان ۱۴ : ۸-۲۲)

پولس و برنابا در یک سفر بشارتی هستند. آنها هرجا که می‌رسند، مردم را از محبّت عیسی آگاه می‌سازند که او چقدر آنان را دوست می‌دارد و می‌خواهد زندگی آنها را عوض کند.

در شهر لستره، پولس متوجّه مردی می‌شود که مشتاقانه به او گوش می‌دهد. اینگونه به نظر می‌رسد که او هرگز نشنیده است که عیسی همه را دوست دارد که او مقتدر است و می‌تواند معجزه کند. آن مرد از بدو تولّدش مفلوج است و همچنین آرزو دارد که شفا یابد. ناگهان پولس به او می‌گوید: "بلند شو و روی پاهایت بایست!" آن مرد از جا می‌پرد. حقیقتاً، او می‌تواند راه برود. مردم متعجّب می‌شوند، چون آنها درباره خداوند چیزی نمی‌دانند، فریاد می‌زنند: "ببینید، خدایان به صورت انسان درآمدند و اکنون پیش ما حاضرند!" پولس و برنابا وحشت‌زده، تا آنجایی که می‌توانند بلند داد می‌زنند: "خیر، ما خدایان نیستیم!" ولی مردم هنوز اینگونه فکر می‌کنند. پولس مجدداً سعی می‌کند توضیح دهد: "گوش کنید! ما نیز انسان معمولی هستیم! ما می‌خواهیم خبر خوش از عیسی برای شما بیاوریم، به شما بگوئیم که از بتها برگردید و به خدای زنده ایمان بیاورید!" کم‌کم مردم آرام می‌شوند.

ناگهان چند نفر یهودی می‌رسند و از اینکه افراد زیادی به صحبتهای پولس و برنابا گوش می‌دهند عصبانی می‌شوند. یهودیان مردم را متقاعد می‌کنند که به بشارت آنها گوش ندهند و پولس را سنگسار کنند. ولی خداوند از او مواظبت می‌کند. با وجود دشمنان زیادی که پولس دارد، او همواره درباره .عیسی صحبت می‌کند و بسیاری به او ایمان می‌آورند.

۱. پولس با آن فلج چکار می‌کند؟
۲. در نظر مردم، پولس و برنابا چه کسانی هستند؟
۳. پولس بعد از اینکه سنگسار می‌شود از چه کسی صحبت می‌کند؟

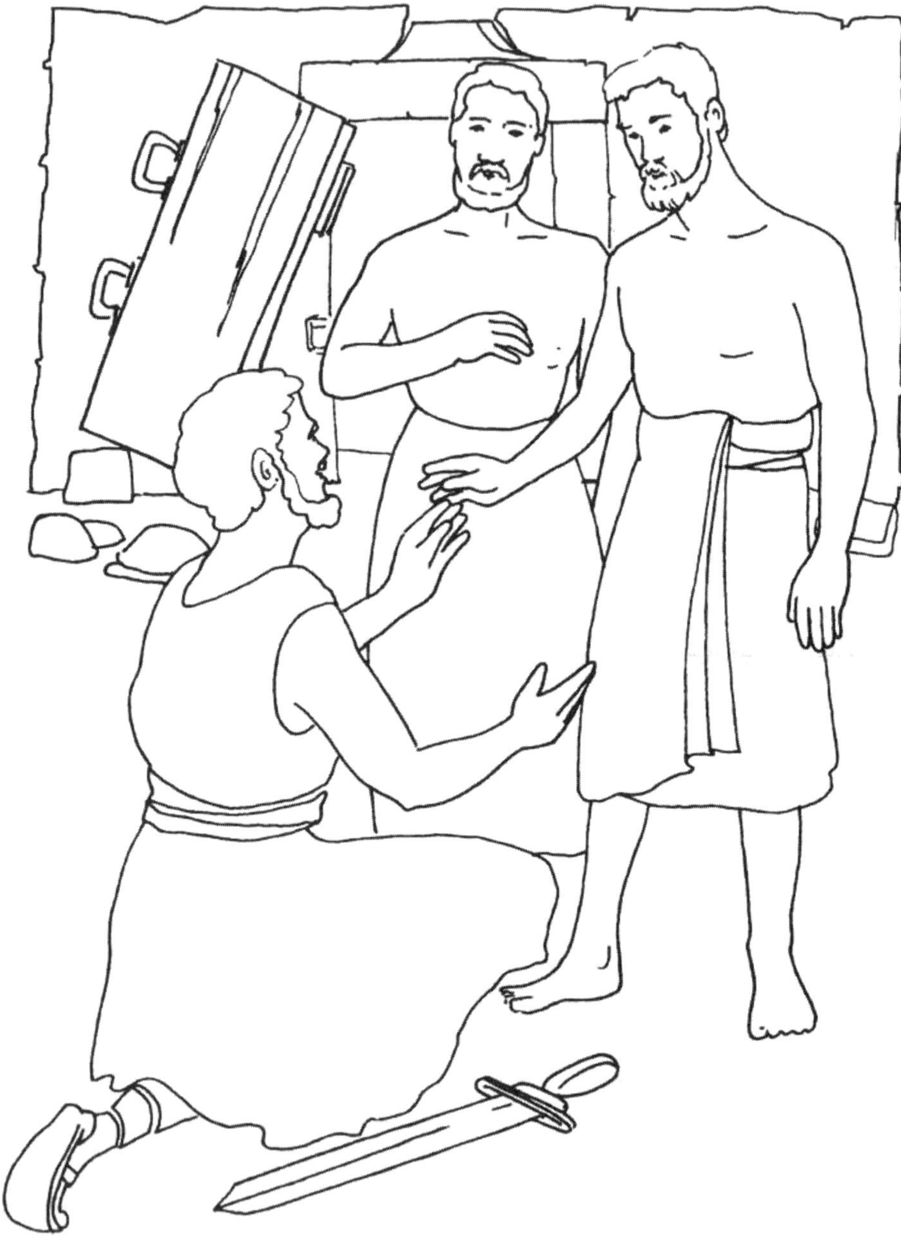

زندانبان به عیسی ایمان می‌آورد

(اعمال رسولان ۱۶ : ۱۶-۴۰)

کشتی به آرامی در بندر فیلیپی لنگر می‌اندازد. پولس و سیلاس درباره مردم شهر کنجکاو هستند، آیا مسیحیان دیگری در این شهر هستند؟ آنها به سمت رودخانه راه می‌افتند. در آنجا به یهودیان مؤمن که برای دعا به آنجا آمده‌اند برخورد می‌کنند. لیدیه بین آنهاست. وقتی که او از پولس می‌شنود که خداوند چقدر مردم را دوست دارد که پسر یگانه‌اش را برای گناهان آنها داد، او به عیسی ایمان می‌آورد.

هر روز آنان به رودخانه می‌آیند. هر بار زنی با رفتار عجیب و غریبی سر آنها داد می‌کشد. پولس می‌داند که شیطان این زن را اینگونه شرور ساخته است. یک روز پولس با صدای محکم می‌گوید: "به نام عیسی مسیح، این زن را رها کن!" زن فوراً آرام می‌شود. بعضی از مردم از این مسئله خشنود نیستند. از دست پولس و سیلاس عصبانی هستند. آنها در تاریکترین سلول زندان انداخته می‌شوند. حدود نیمه شب پولس و سیلاس با هم دعا می‌کنند و سرودهای مسیحی می‌خوانند. ناگهان زمین می‌لرزد و همه درهای زندان باز می‌شوند. زندانبان با دستپاچگی داد می‌زند: "همه زندانیها فرار کرده‌اند!" او می خواهد خودکشی کند. "صبر کن!" پولس فریاد می‌زند: "ما همه هنوز اینجا هستیم." زندانبان وارد سلول آنها می‌شود، به زانو درمی‌آید و فریاد می‌زند: "شما به من بگوئید، من چه باید بکنم تا از گناهانم نجات یابم؟" پولس و سیلاس با خوشحالی جواب می‌دهند: "به عیسی مسیح ایمان بیاور، به او اعتماد کن و تو نجات خواهی یافت. خانواده‌ات همچنین می‌توانند این را تجربه کنند."

۱. جایی که پولس و سیلاس بیگناه در آن انداخته می‌شوند چه نام دارد؟
۲. در نصف شب پولس و سیلاس چکار می‌کنند؟
۳. زندانبان چه چیزی را از پولس و سیلاس می‌پرسد؟

یک سفر دریائی خطرناک

(اعمال رسولان ۲۷)

باد شدید پائیزی در دریا می‌وزد. کشتی بادبانی که پولس در آن به عنوان زندانی در حال سفر است، توسط امواج بلند و باد شدید، از سویی به سوی دیگر رانده می‌شود. پولس به ناخدا می‌گوید: "برای سفر، نامناسبترین زمان سال است. ما با این هوا، سالم به روم نخواهیم رسید! بگذارید تا بهار در این بندر بمانیم." ناخدای کشتی از توصیه پولس عصبانی می‌شود و می‌گوید: "آه، یک زندانی از دریانوردی چه می‌فهمد؟ ما موفّق خواهیم شد!"

خادمان کشتی به سختی می‌توانند کشتی را مهار کنند. باد شدیدی از طرف شمال می‌وزد، با قدرت بسیاری به کشتی برخورد می‌کند، نزدیک است کشتی را دو پاره کند. کشتی نزدیک به غرق شدن است. ترس و ناامیدی، ملوانان را در برمی‌گیرد نشانه‌ای از کمک دیده نمی‌شود.

پولس مبلّغ چه می‌کند؟ او برای نجات، به خداوند دعا می‌کند. طوفان باعث می‌شود که مسافران به‌سختی بتوانند آنچه را که پولس می‌خواهد به آنها بگوید، بشنوند: "خداوند به من قول داده است که هیچ‌کدام از ما نخواهد مُرد!" اکثریت او را باور نمی‌کنند. امّا ما می‌دانیم، اگر خداوند قولی را می‌دهد به آن وفا می‌کند.

بعد از دو هفته رنج آور در دریا، کشتی به خشکی می‌رسد. کشتی دو پاره می‌شود ولی همگی موفّق می‌شوند سالم به ساحل برسند.

و این درست است که اگر خداوند بگوید که او همه را نجات می‌دهد، کسی نخواهد مُرد.

۱. وقتی که پولس در کشتی است چه حادثه‌ای رخ می‌دهد؟
۲. چه کسی به توصیه پولس گوش نمی‌دهد؟
۳. خداوند چه قولی را به پولس می‌دهد؟